Hermann Rieck, Julius Strenge

Über Entstehung und Berechtigung des Donatismus

im Hinblick auf verwandte Erscheinungen innerhalb der christlichen Kirche

Hermann Rieck, Julius Strenge

Über Entstehung und Berechtigung des Donatismus
im Hinblick auf verwandte Erscheinungen innerhalb der christlichen Kirche

ISBN/EAN: 9783743663176

Hergestellt in Europa, USA, Kanada, Australien, Japan

Cover: Foto ©Lupo / pixelio.de

Weitere Bücher finden Sie auf **www.hansebooks.com**

1877.

Programm

des

Gymnasiums zu Friedland,

womit

zu den am Schluſſe des Schuljahres ſtattfindenden Schulfeierlichkeiten

im Namen des Lehrer-Collegiums

ehrerbietigſt und ergebenſt einladet

der

Director

Dr. Julius Strenge.

Ums Jahr 300 waren zwar die Christen hier, wie zu dieser Zeit noch überall, wohl keineswegs in der Mehrzahl, jedenfalls aber zahlreicher als die Anhänger irgend einer der wunderlichen Formen des Heidenthums, dazu durchdrungen von dem Bewußtsein der geschichtlichen Macht des Christenthums. Dieses Bewußtsein hatte sich seit der Mitte des 3. Jahrhunderts in dem Bestreben gezeigt, der christlichen Gemeinschaft eine einheitliche Verfassung und solche Formen zu geben, welche sie für eine enge Verbindung mit dem römischen Staate befähigten. Und so war es denn in Nord-Afrika zu verschiedenen Einrichtungen gekommen, in welchen wir die Grundlagen zu dem mächtigen Bau der Hierarchie des Mittelalters erblicken. Dahin zu rechnen ist vor Allem, daß der Bischof von Karthago eine Art von Patriarchat über die übrigen Bischöfe Nord-Afrikas ausübte. Zwar konnte er rechtlich keinen solchen Vorrang für sich in Anspruch nehmen, denn von altersher galt der Grundsatz, daß alle Bischöfe gleichberechtigt seien. Indessen mochte nun die Weltstellung Karthagos oder die hervorragende Tüchtigkeit eines früheren Inhabers dieses Bischofsitzes die erste Veranlassung dazu gewesen sein, in der That übte der Bischof von Karthago alle Rechte eines Patriarchen Nord-Afrikas. Er berief Generalsynoden nach Karthago und führte auf denselben den Vorsitz. Er hatte das Visitationsrecht in sämmtlichen 6 Provinzen (Provincia Proconsularis, Provincia Byzacena, Numidia, Mauritania Sitifensis et Caesariensis, Provincia Tripolitana) und benachrichtigte durch Rundschreiben die Bischöfe von dem Tage der Osterfeier oder von wichtigen kirchlichen Ereignissen, die ihm aus Rom gemeldet waren.

Was die hohe Bedeutung dieses Bischofsitzes noch vermehrte und ihm eine ganz eigenthümliche Stellung gab, war der Umstand, daß der Vorrang des römischen Stuhles als der cathedra Petri in Afrika nicht anerkannt wurde. Wie sehr man auch von dem Gedanken der Einheit der Kirche durchdrungen war, (man gab sogar zu, daß dieselbe im römischen Stuhle symbolisch dargestellt werde) so war man doch weit entfernt, von Rom aus Befehle anzunehmen. Als gleichberechtigter, selbständiger Vertreter des einen Episkopats wollte der karthagische Bischof mit dem römischen in brüderlichem Verkehr stehen, nicht aber als sein Untergebener ihm gehorchen.

Diese Stellung des karthagischen Bischofs war um das Jahr 300 wenn auch nicht kirchlich sanktionirt, so doch durch das Herkommen fest begründet. Schon Cyprian († 258) hatte in diesem Geiste der Selbständigkeit und Unabhängigkeit von Rom das Bisthum Karthago verwaltet. Darum konnte es auch nicht leicht geschehen, daß die innern Angelegenheiten der afrikanischen Kirche, zumal solche, welche die kirchliche Praxis oder die Verfassung betrafen, auf die Kirche andrer Länder einwirkten. Da die Afrikaner solche Fragen mit eifersüchtiger Wachsamkeit selbständig zu ordnen gewohnt waren und ihre Einrichtungen sich in Folge davon ganz eigenthümlich gestalteten, so hatte das Ausland kein Interesse daran, bei ihren derartigen Streitigkeiten Partei zu nehmen. So erklärt sich uns, wie es kam, daß die donatistische Bewegung auf Nord-Afrika beschränkt blieb.

Um aber die Entstehung einer so unheilvollen Kirchenspaltung aus scheinbar geringen Ursachen und die große Erbitterung der streitenden Theile zu begreifen, müssen wir uns in dem kirchlichen Leben Nord-Afrika's noch etwas genauer umsehen. Wir begegnen hier zwei verschiedenen Richtungen, einer strengeren und einer gemäßigteren. In der ersteren hatte sich der eigenthümliche Geist der afrikanischen Ki wie er sich in Tertullians Schriften ausprägt, am treusten erhalten. Es ist der Geist hohen, sitt'

Ernstes, der die Kirche rein wissen will von offenbaren Sündern, harrend als eine geschmückte Braut der Wiederkunft ihres Herrn. Aber bei so leidenschaftlichen, düstern, zum Fanatismus geneigten Gemüthern, wie sie den Afrikanern eigen waren, schlug solcher an sich durchaus löblicher Sinn nur zu leicht zu einem verwerflichen Rigorismus aus, der unwiderruflich alle Todsünder von der christlichen Gemeinschaft ausschloß und durch überstrenge Handhabung der Bußdisciplin einer großartigen Ausbreitnng des Christenthums hinderlich wurde. Dennoch war diese Richtung lange Zeit die herrschende gewesen, und es hatte ihrer Herrschaft nicht geschadet, daß sie der montanistischen Schwärmerei ein zu williges Ohr geliehen hatte. Erst einem Manne wie Cyprian, dem der Gedanke der Kirche als eines großen, einheitlichen Organismus zum Heile der Völker so lebhaft vor der Seele stand, war es aufbehalten, der kirchlichen Praxis den Charakter größerer Mäßigung aufzudrücken. Von da ab galt die kirchliche Reconciliation der lapsi bei der über= wiegenden Mehrzahl afrikanischer Bischöfe für zulässig, wenngleich sie erst nach langer und schwerer Buße erlangt werden konnte. Mit welcher Zähigkeit aber die Afrikaner an dem Althergebrachten hingen, sehen wir daran, daß sich fortwährend eine Partei erhalten hatte, die zum Rigorismus hinneigte, in Karthago vielleicht ein und dasselbe mit der von Augustin erwähnten Partei der Tertullianisten.

So standen die Dinge, als nach 43jähriger Ruhe im Jahre 303 die schwere Diokletianische Christenverfolgung ausbrach. Sie hat die Kirche von Nord=Afrika härter betroffen als irgend eine frühere, am härtesten dadurch, daß sie die äußere Veranlassung zum donatistischen Schisma darbot. Im Glauben an seine göttliche Mission zur Befestigung des wankenden Heidenthums, überdies argwöhnisch gemacht, als ob die Christen ihm nach dem Leben trachteten, befahl Diokletian, ihre Tempel niederzureißen, ihre heiligen Schriften zu verbrennen und sie selbst auf jede mögliche Weise zum Opfern an den heidnischen Altären zu bewegen. Diese Maßregeln „theilten die Kirche in Heldenmuth und Verzagtheit" (Hase K. G.) Viele ließen sich im Schrecken des ersten Augenblicks zum Abfall bewegen, nahmen an heidnischen Opfern Theil (sacrificati) oder lieferten die heiligen Schriften zur Verbrennung aus (traditores). Andere gingen nicht so weit, hatten aber doch nicht den Muth, sich geradezu dessen zu weigern, was die kaiserlichen Behörden verlangten. Sie suchten und fanden allerlei Mittel, um durch Umgehung der Edikte straflos zu bleiben. Statt der heiligen Schriften lieferten sie häretische Bücher aus und benutzten die Bestechlichkeit der Beamten, um sich bescheinigen zu lassen, daß sie an Opfern Theil genommen, während sie es in Wirklichkeit nicht thaten (libellatici). Das letztere Verfahren fand viele Anhänger, selbst unter dem Klerus, und es bildete sich eine förmliche Apologetik zur Rechtfertigung desselben. Es ist uns ein Brief des damaligen Bischofs von Karthago, Mensurius, an den Primas von Numidien, Secundus von Tigisis, aufbehalten, in welchem derselbe schreibt, er habe an die Stelle der heiligen Codices, die er aus der Basilika fortgenommen, novorum quaecunque reproba scripta haereticorum gelegt, und dieses Verfahren vertheidigt. Wenn das der angesehene Bischof von Karthago thun konnte, auf die Gefahr hin für einen Traditor erklärt zu werden (wie es ihm in der That später durch die Donatisten widerfuhr), so dürfen wir uns nicht wundern, wenn wir lesen, wie auf einer Versammlung der numidischen Provinzialbischöfe zu Cirta im J. 305 nach und nach immer mehr Bischöfe, zuletzt auch der Vorsitzende, jener Secundus von Tigisis, einer ähnlichen Handlungsweise beschuldigt wurden, so daß man endlich zur Erhaltung der kirchlichen Ruhe beschloß, das Gericht über alles Vergangene Gott anheimstellen. Aber auch die Zahl erer war nicht gering, welche standhaft Gefängniß, Marter und Tod ertrugen, freudig wie einst die Apostel des Leidens um Christi willen gewürdigt zu sein. Mit Recht standen diese Glaubenshelden bei den Gemeinden in hoher Achtung, und blieben sie trotz muthigen und standhaften Bekenntnisses durch irgend eine Gunst der Umstände am Leben (confessores), so räumte man ihnen willig eine bevorzugte Stellung in der Gemeinde ein, deren sie sich freilich nicht immer mit weiser Vorsicht zu bedienen wußten. Indessen geschah es durch die Hitze der Verfolgung, welche die Gemüther aufregte und zu Extravaganzen geneigt machte, daß die Verehrung, die man den Märtyrern und Confessoren widmete, nicht selten an Abgötterei grenzte. So wurde z. B. mit den Gebeinen der Märtyrer, zumal von Frauen, ein abergläubischer Reliquien= cultus getrieben, welcher der Geltung und dem Gebrauch der geordneten Gnadenmittel der Kirche, insbesondre des heiligen Abendmahls, Abbruch zu thun drohte. Andererseits aber artete die gerechte Betrübniß und der Unwille über die Abgefallenen in die tiefste Verachtung und den bittersten Haß aus. Die Leidenschaften waren einmal erregt und geriethen leicht in falsche Bahnen. Zu denen, welche in schwärmerischer Begeisterung für das Märtyrerthum ihre Renitenz gegen die kaiserlichen Edikte den Behörden selbst anzeigten und für eine Krone von sehr zweifelhaftem Glanze ihr Leben wagten, gesellten sich Andre, welche aus unlautern Motiven dasselbe thaten. Unter Letzteren soll es Leute gegeben haben, die tief in Schulden steckten und deßhalb des Lebens überdrüssig waren; oder solche, die von schwerer Sündenschuld im Gewissen geängstigt und gequält in Verzweiflung wirklich den Tod suchten. Aber mögen wir auch die dahin lautenden Berichte für nicht recht glaubwürdig halten wegen der entsetzlichen Martern, die standhaften Christen von Seiten heidnischer Behörden oder Volkshaufen vielfach bereitet wurden: so viel wird daran doch wohl wahr sein, daß nicht Wenige um äußerer Vortheile willen ihr Leben, das ihnen ohnehin nicht viel werth war, unge= achtet der Schrecken eines martervollen Todes wagten, in der Hoffnung, doch vielleicht durch irgend eine günstige Fügung vor dem Schlimmsten bewahrt zu bleiben. Ehrgeiz, bisweilen wohl auch gemeine Habsucht trieben sie an, sich den so hoch geachteten Namen eines Confessors zu erwerben. Bei der großen Nachsicht, mit welcher die Edikte des Kaisers an vielen Orten ausgeführt wurden, bei der Bestechlichkeit mancher Beamten oder ihrer heimlichen Hinneigung zum Christenthum war dies ein doch nicht allzu gefährliches Unternehmen und die weltlichen Vortheile verlockend genug. Die Gefängnisse, wird uns berichtet, waren förmlich umlagert von Solchen, welche die Märtyrer mit Speise und Trank zu erquicken oder sie zu be= schenken kamen.

Bei der oben erwähnten strengeren Richtung innerhalb der nordafrikanischen Kirche fand das schwärmerische Aufsuchen des Märtyrerthums, so leicht sich auch allerlei Unlauterkeit dahinter verstecken konnte, Anhang und Vertheidigung. Bischof Mensurius von Karthago vertrat den gemäßigten Standpunkt. Er suchte durch seinen gleichgesinnten Archidiakonus Cäcilian dem Unwesen zu steuern, und Beide machten sich bei der Gegenpartei aufs Aeußerste verhaßt. Ob sie dabei ganz schuldlos blieben oder in ihrem Eifer gegen Aberglauben, Schwärmerei und selbstsüchtige Interessen manchmal zu weit gingen, läßt sich aus Mangel an unparteiischen Nachrichten nicht mehr mit Sicherheit entscheiden. Wohl möglich, daß das Verfahren des Cäcilian nicht ganz frei war von Härte und Gewaltthätigkeit. Die Vorwürfe, die ihm später von Seiten der Donatisten gemacht wurden, sind jedenfalls übertrieben und als Aeußerungen eines fanatischen Hasses nicht zu verkennen. So heißt es in einer gegnerischen Darstellung: Et caedebantur a Caeciliano passim, qni ad aleudos martyres veniebant; sitieotibus intus iu vinculis confessoribns pocula frangebautur ante carceris limina, cibi passim lacerandi canibus spargebantur; jacebant ante carceris fores martyrum patres matresque sanctissimae et ab extremo couspectu liberorum excussi graves uocte dieque vigilias ad ostium carceris exercebant. Erat fletus horribilis et acerba omnium, qni aderant, lamentatio, prohiberi pios martyrum complexus et divelli a pietatis officio Christianos Caeciliano saeviente tyranno et crudeli carnifice. (Du Piu, Monumenta vetera ad Donatistarum hist. spect. f. 155 et 156.) Niemand wird biefe Schilderung für geschichtliche Wahrheit halten; es ist die Sprache wilder Leidenschaft. Wie dem auch sei, die Spannung, die Cäcilian und sein Bischof durch ihr entschiedenes Auftreten gegen Aberglauben, übertriebenen Märtyrer= cultus und schwärmerisches Drängen zum Märtyrertode hervorgerufen hatten, wuchs von Tage zu Tage und wurde durch den rücksichtslosen Tadel, den Cäcilian gegen eine reiche Wittwe Namens Lucilla öffentlich in der Kirche aussprach, noch mehr verschärft. Diese hatte die Gewohnheit, ihre Reliquien, angebliche Ueber= reste von Märtyrergebeinen, in den Frühgottesdienst mitzubringen und sie hier vor der Communion andächtig zu küssen. Cäcilian, der als Archidiakonus auf Ordnung in der Kirche zu halten hatte, tabelte sie wegen dieser abergläubischen Sitte und drohte mit Kirchenstrafen, wenn sie nicht davon abließe. Er hatte die durch ihren Reichthum vielvermögende Frau öffentlich beschämt; das vergaß sie ihm nicht, er sollte ihre Feindschaft empfinden. Sie wurde zum Mittelpunkt der strengeren Partei in Karthago, welche mit dem Verhalten des Bischofs und seines Archidiakonus aufs Aeußerste unzufrieden dafür zu agitiren begann, daß bei etwaiger Erledigung des bischöflichen Stuhles kein Gesinnungsgenosse jener Verhaßten gewählt würde. Da gerade starb Bischof Mensurius im J. 311, kurz nachdem durch ein Edikt des Galerius die diokletia= nische Verfolgung ihr Ende erreicht hatte. Sein Tod führte auch äußerlich einen vollständigen Bruch zwischen den beiden schon lange innerlich getrennten Parteien herbei.

Man muß alle bisher angeführten Verhältnisse, die äußere Lage Karthagos und die hervorragende Stellung seines Bischofs, den alten Streit zwischen Rigoristen und Moderirten, sowie die Aufregung und Zerrüttung der Christengemeinden durch die Verfolgung, — alles dies muß man erwägen, wenn man nicht die gekränkte Eigenliebe eines bigotten Weibes und die persönliche Empfindlichkeit einiger sich für zurückgesetzt haltender Bischöfe als hinreichenden Erklärungsgrund des donatistischen Schismas gelten lassen will. Denn in der That war die nächste Veranlassung keine andre. Nach dem gewöhnlichen Lauf der Dinge mußte der Archidiakonus Cäcilian zum Bischof erwählt werden, und es war gebräuchlich, daß die Bischöfe der Provinz Numidien zur Ordination hinzugezogen wurden. Da aber die Machinationen der Feinde Cäcilians befürchten ließen, daß die gemäßigte Partei die Majorität verlieren möchte, wenn man die Wahl noch länger hinausschöbe, so wählte diese schnell den Cäcilian zum Bischof und ließ ihn, ohne die Ankunft der numi= dischen Bischöfe abzuwarten, durch einen Bischof der Nachbarschaft, Felix von Aptunga, weihen. Bald darauf erschienen die Numidier mit ihrem Primas Secundus von Tigisis in Karthago, um ihre Rechte zu wahren. Die ihnen widerfahrene Zurücksetzung machte sie gereizt und trieb sie den Fanatikern und Rigoristen in die Arme. Der fanatische Pöbel, dessen Märtyrercultus Cäcilian, vielleicht etwas zu schroff und gewaltsam, entgegengetreten war, die intriguante Lucilla, welche es ihm nicht verzeihen konnte, daß er sie öffentlich beschämt, Secundus von Tigisis, welcher sich berufen glaubte, über der Aufrechthaltung des Herkommens und der strengen Disciplin zu wachen, Alle vereinigten sich jetzt zum Sturze Cäcilians. Ein Vorwand zu seiner Absetzung war bald gefunden. Die Gegner waren in der Wahl des Ordinators nicht vorsichtig genug gewesen: Felix von Aptunga galt für einen Traditor, und obwohl diese Beschuldigung keineswegs erwiesen war (auch später von den Donatisten nicht bewiesen werden konnte, so oft sie es auch versuchten), so bedachte man sich doch nicht, diesen bei der Menge so verhaßten Namen als Hebel gegen Cäcilian in Bewegung zu setzen. Nach alter nordafrikanischer Tradition, die sich seit Cyprians Zeiten erhalten hatte (Streit über die sogenannte Ketzertaufe), hatte eine sakramentliche Handlung nur dann Gültigkeit, wenn sie von einem Mitglied der wahren katholischen Kirche vollzogen wurde. Diesen Grundsatz wandte man auf den vorliegenden Fall an, obschon Felix von Aptunga zur Zeit der Ordination des Cäcilian keineswegs excommunicirt, wenn auch eines excommunicationswürdigen Vergehens angeklagt war. Aber so fest war doch die Macht des Herkommens bei den Afrikanern begründet, vielleicht gerade deßhalb, weil es in dieser Hinsicht mit dem römischen in Widerspruch stand, daß auch Cäcilian gegen jenes Princip nichts einwendete und um des Friedens willen sich erbot, er wolle in seinen früheren Stand zurücktreten und sich durch die numidischen Bischöfe von Neuem ordiniren lassen. Allein die Gegner nahmen diesen Vergleich nicht an. Cäcilians Wahl und Weihe wurde für unrechtmäßig erklärt, er selbst durch eine Versammlung von 70 (numidischen) Bischöfen excommunicirt, aus keinem andern Grunde als dem, daß er sich von einem Traditor habe ordiniren lassen. Man wählte den Lector Majorinus, einen Hausfreund der Lucilla, und als dieser im J. 313 starb, Donatus „den Großen" zum Bischof von Karthago, welcher der Partei den Namen gab. Die entstandene Spaltung verbreitete sich bald über ganz Nord-Afrika. Ueberall fand sich derselbe Zündstoff vor wie in Karthago, und es bedurfte nur dieses Anlasses, um denselben zur helllodernden Flamme anzufachen.

Wir können schon hier die Frage nicht umgehen, ob jene 70 Bischöfe äußerlich formell nach Lage der Dinge in ihrem Recht waren, wenn sie den Cäcilian absetzten und excommunicirten. Man hat diese Frage bejahen wollen und gesagt, die Väter jenes Concils hätten immerhin den Cäcilian, vorausgesetzt er war der, für den sie ihn hielten, absetzen können, denn gar viele Concile hätten Bischöfe wegen anstößigen Lebenswandels abgesetzt; nur daß ein Schisma die Folge dieser Absetzung gewesen, sei höchst bedauernswerth und als ein großes Unglück für die nordafrikanische Kirche zu bezeichnen, doch das hätten sie unmöglich vorher wissen können. Wir halten diese Deduction für durchaus unzutreffend. Zwar soviel ist richtig, daß nicht selten Bischöfe oder sogar Päpste wegen anstößigen Wandels oder falscher Lehre durch Concile abgesetzt worden sind. Aber das Vorkommen solcher Absetzungen beweist doch nichts für deren Berechtigung im einzelnen Falle. Kann ein Concil nicht auch willkürlich und ungerecht verfahren? Auch das ist, wie bekannt, nicht selten vorgekommen. Soll das Absetzungsverfahren eines Concils gegen einen Bischof im einzelnen Falle für berechtigt gelten, so muß unsers Erachtens dreierlei unbestritten sein: einmal muß das Concil nach den bestehenden Kirchengesetzen competent sein, sodann muß die Schuld des Beklagten fest stehen, und endlich muß das Vergehen, dessen er überführt ist, ein derartiges sein, daß auf Absetzung erkannt werden kann. Bei jenem Concil der 70 Bischöfe, das den Cäcilian absetzte, scheint uns keine dieser Bedingungen erfüllt zu sein. Was den ersten Punkt anlangt, so war es wohl altes Herkommen, daß ein numidischer Metropolit die Ordination des (gewählten) Bischofs von Karthago vollzog; ein ausschließliches Recht wird auch dies kaum gewesen sein, sonst hätten die Donatisten gewiß nicht unterlassen, es aus den Kirchengesetzen ausdrücklich nachzuweisen; sonst hätten auch 100 Jahre später auf der Conferenz zu Karthago ihre Gegner nicht behaupten können, daß nach dem Kirchengebrauch nicht die numidischen, sondern propinquiores episcopi den Bischof von Karthago ordinirten. (Du Pin monumenta f. 321) Aber wenn sie auch wegen der hervorragenden Stellung, die der karthagische Bischof in der nordafrikanischen Kirche einnahm, ein leicht begreifliches Interesse hatten, auf die Wahl desselben gegebenen Falls zu influiren und an der Ordination sich zu betheiligen, ein Interesse, das durch das Herkommen gewissermaßen sanktionirt war, so ist doch nirgends, soweit wir wissen, die Rede davon, daß sie competent gewesen wären, den Bischof von Karthago vor ihr Gericht zu citiren und ihn abzusetzen. Etwas anderes wäre es noch, wenn ein allgemeines Concil der nordafrikanischen Kirche dies gethan hätte. Einem Concil von 70 Bischöfen der einen Provinz Numidien, die von vornherein in der schroffsten Weise Partei genommen hatten, können wir die Berechtigung zu solchem Verfahren nicht zugestehen. Auch Cäcilian scheint dies nicht gethan zu haben, wenigstens erklärt sich uns sein Nichterscheinen vor dem Concil am natürlichsten daraus, daß er die Competenz desselben bestritt. Was hatte er denn zu fürchten, welche Anklagen konnte man gegen ihn vorbringen? Nach Allem, was berichtet wird, war er gegen die schwärmerische und abergläubische Verehrung der Märtyrer und Confessoren etwas schroff und gewaltsam vorgegangen. Aber wenn sein Verhalten in dieser Hinsicht Grund zur Anklage gegeben hätte, so würden die Gegner nicht verfehlt haben, dies gegen ihn sofort auf ihrem Concil geltend zu machen. Nun aber wurde er excommunicirt und abgesetzt aus keinem andern Grunde, als weil er sich von einem Traditor habe ordiniren lassen. Darin also sah man seine Schuld, nicht in gewissen Aus-schreitungen bei der Verhinderung des Märtyrercultus. Aber wenn wir genau zusehen, so zerrinnt diese Schuld in nichts. War denn Felix von Aptunga wirklich ein Traditor? Es ist nie erwiesen worden, und wenn er es war, wer sagt uns denn, daß Cäcilian dies gewußt und trotzdem die Ordination von ihm begehrt und empfangen habe? Und doch kann nur in letzterem Falle ein Schein von Schuld auf ihn fallen. Aller Wahrscheinlichkeit nach hat er jedoch nichts davon gewußt, daß Felix ein Traditor sei. Erkannte er doch selbst jenen traditionell nordafrikanischen Grundsatz an, daß eine von einem Excommunicirten (oder diesem gleich zu stellenden Traditor) vollzogene heilige Handlung ungültig sei, erbot er sich doch zum Beweise dessen, sich von den Numidiern von Neuem ordiniren zu lassen. Hätte er die gegen Felix erhobene Be-schuldigung gekannt oder gar für gegründet gehalten, so würde er jenem Princip zufolge lieber von jedem Andern als von Felix die Ordination genommen haben. Mit dem Nachweis der Schuld des Beklagten steht es also ebenso mißlich, wie mit der Competenz der Richter. Und so müssen wir endlich auch verneinen, daß was an Anklagen gegen Cäcilian vorgebracht und bewiesen wurde, zu seiner Verurtheilung und Absetzung genügte. Wir können vielmehr das Verfahren jener 70 numidischen Bischöfe nur als ein nach jeder Rich-tung hin unberechtigtes und willkürliches ansehen. Und auch das können wir nicht zugeben, daß sie bona fide gehandelt hätten, ohne zu ahnen, welch eine unheilvolle Kirchenspaltung ihr Verfahren zur Folge haben könnte. Sie mußten recht gut wissen, daß Cäcilian mit seiner milderen Ansicht und Praxis gegenüber den lapsis in der nordafrikanischen Kirche keineswegs allein stand, ja daß er vielleicht sogar die Majorität für sich hatte. Sie konnten mithin die Folgen sehr wohl voraussehen, und man darf sagen, daß sie das Schisma nicht bloß unwissentlich verursacht, sondern freventlich hervorgerufen haben. So sieht die Sache auch Melanchthon an, wenn er in der Apologie der augsburgischen Confession 8, 49 sagt: Ceterum monuit Christus in collationibus de ecclesia, ne offensi privatis vitiis sive sacerdotum sive populi schismata excitemus (sic!), sicut scelerate fecerunt Donatistae.

Auf die äußere Geschichte des donatistischen Schismas im Einzelnen weiter einzugehen verbietet uns der dieser Abhandlung zugemessene enge Raum. Nur einiges Thatsächliche sei kurz erwähnt. Schon sehr bald nach Ausbruch der Kirchenspaltung mischte sich der Kaiser Constantin, dem aus politischen Gründen an der Einheit und Einigkeit der Kirche viel gelegen war, in die nordafrikanischen Angelegenheiten ein. Auf Antrag der donatistischen Partei selber ließ er ihre Sache zuerst durch 5 gallische Bischöfe unter dem Vorsitz des Bischofs Melchiades von Rom und sodann von einer Synode zu Arles untersuchen, welcher die vorher von kaiserlichen Commissaren zu Karthago über Felix von Aptunga gemachten gerichtlichen Erhebungen vorlagen. Beides fiel zu Ungunsten der Donatisten aus, auch mit ihrer Appellation an den Kaiser selbst erreichten sie nichts. Unter Constanz blutig verfolgt und fast vernichtet, erholten sie sich unter Julian, dem Begünstiger aller Häretiker und Schismatiker. Die folgenden Kaiser bis auf Theodosius ließen sie unangefochten. Letzterer schritt mit Gesetzen gegen sie ein, die wenig ausrichteten. Erst im Anfang des 5. Jahrhunderts wurde der Kampf wieder lebhafter. Aber weder die überlegene Geistesmacht Augustins, noch die bedauerlichen, zum Theil grausamen Gewaltmaßregeln des Kaisers Honorius führten zur völligen Vernichtung des Donatismus. Er hielt sich, bis die Sintfluth des Islam über Nordafrika sich ergoß und die Kirche selbst sammt den in ihr kämpfenden Parteien hinwegschwemmte.

Gehen wir nunmehr daran, die Ansichten und Grundsätze der Donatisten in ihrer Verwandtschaft mit andern kirchengeschichtlichen Erscheinungen zu betrachten und auf ihre Berechtigung hin zu prüfen.

Es hatte, wie wir gesehen haben, viel Parteileidenschaft und persönlicher Haß bei Entstehung der Kirchenspaltung obgewaltet. Auch waren, wie wir weiterhin zeigen werden, weder die theoretischen Gründe, welche die Donatisten für ihren Separatismus vorbrachten, stichhaltig, noch ist überhaupt die Art und Weise ihres Auftretens gegen die Katholiker zu billigen. Dennoch können wir ihnen die Berechtigung zur Trennung von dem großen Kirchenkörper an und für sich als Protestanten nicht absprechen. Es kommt nur auf die Gründe an. Was Tertullian der Kirche seiner Zeit zugerufen hatte: Christus hat sich nicht das Herkommen, sondern die Wahrheit genannt, dieses ächt protestantische Wort giebt jeder Reaction gegen traditionelles Kirchenthum, sofern sie in der Wahrheit steht, ihr volles Recht. Aber grade die Punkte, welche eine Opposition gegen die herrschende Richtung in der Kirche als berechtigt erscheinen lassen, hat der Donatismus unangefochten stehen lassen oder auf seine eigne Sondergemeinschaft übertragen. Die seit Cyprian immer mehr zur Herrschaft gekommene Auffassung des Klerus als der Fortsetzung des alttestamentlichen Priesterthums, als eines besonderen, göttlich gestifteten, zur Vermittlung für die Gemeinde berufenen ordo sacer, ist ihm nicht anstößig gewesen. Ebensowenig das unverhältnißmäßige Gewicht, welches auf den äußern Organismus der Kirche gelegt ward, von dem sich trennen soviel hieß als sich vom Heile trennen. Das extra ecclesiam nulla spes salutis haben die Donatisten sich angeeignet und gegen die Katholiker gewandt. Diese Irrthümer aus welchen später der specifisch römisch-katholische Begriff der Kirche erwachsen ist, im Keime zu bekämpfen, wäre die Aufgabe einer berechtigten Reaction gewesen, und falls man in solchem Kampfe aus Gewissensbedenken die äußere Gemeinschaft mit den sich im Irrthum Verhärtenden aufgehoben hätte, so könnten wir nicht viel dagegen sagen. Mit dem Donatismus steht es anders. Seine Opposition gegen die katholische Kirche ist zugleich eine Opposition gegen die Wahrheit, und nicht die Sache der Freiheit vertritt er, sondern die der subjectiven Willkür (vgl. Joh. 8, 31.)

Denn sehen wir uns jetzt die theoretischen Stützen, deren er sich bedient, etwas genauer an, so werden wir finden, daß dieselben weder mit den Thatsachen in Einklang stehen, noch auch vor dem klaren Lichte des göttlichen Worts bestehen können. Das Erste, was hier in Betracht kommt, ist die Behauptung, daß unwürdige Glieder der Kirche, auch wenn sie nicht excommunicirt seien, eine sakrament= liche Handlung nicht vollgültig verrichten können. Wie verhält es sich damit? Es kam den Donatisten vor Allem darauf an, die Rechtmäßigkeit ihres Verfahrens gegen Cäcilian von Karthago nach= zuweisen. Felix von Aptunga ist ein Traditor gewesen, daran hielten sie mit der größten Hartnäckigkeit, mit jenem verblendeten Starrsinn fest, der das charakteristische Kennzeichen aller Sectirer und Separatisten ist. Aber von all ihren Zeugnissen und Beweisen ist nie ein außerhalb ihrer Gemeinschaft Stehender über= zeugt worden. Weder das Gericht der gallischen Bischöfe in Rom, welches Constantin der Große ihrem Antrage gemäß niedersetzte, noch die kaiserlichen Commissare, welche den Thatbestand zu ermitteln nach Karthago kamen (313), noch endlich der Kaiser selbst zu Mailand (316) konnten die Rechtmäßigkeit ihrer Anklagen gegen Cäcilian einsehen. Aber lieber warfen sie all diesen Instanzen Ungerechtigkeit und Partei= lichkeit vor, als daß sie zugaben, sich geirrt zu haben. Noch 411 auf der Collatio cum Donatistis, einer öffentlichen Disputation zu Karthago, welche hauptsächlich auf Betrieb Augustins gemäß dem Befehle des Kaisers Honorius stattfand, fochten sie mit derselben verrosteten Waffe: Felix ist ein Traditor gewesen. Aber gesetzt auch, es hätte sich so verhalten, was war damit für ihre Sache gewonnen? Viel meinten sie, Alles. Denn dann sei Cäcilians Ordination ungültig und Donatus (vor ihm Majorin) rechtmäßiger Bischof von Karthago gewesen; dann verdiene nicht ihre Partei, sondern die katholische den Namen der Schismatiker. Ein excommunicationswürdiger Traditor könne keine Ordination gültig vollziehen. Aber diese Stütze ist morsch und war als solche schon früher im Streit über die sogenannte Ketzertaufe erkannt worden. Hier handelte es sich um die ganz ähnliche Frage, ob die Taufe derer, welche außerhalb der katholischen Kirche ständen, Gültigkeit habe. Die Afrikaner, Cyprian an der Spitze, leugneten ihre Gültigkeit auf Grund alter afrikanischer und kleinasiatischer Tradition und tauften die übertretenden Häretiker von Neuem. Seitdem aber war in Nordafrika ein entschiedener Umschwung und eine unverkennbare Annäherung an Rom erfolgt, die sich auch darin geltend machte, daß man der römischen Tradition entsprechend jede im Namen des dreieinigen Gottes vollzogene Taufe als objectiv gültig anerkannte. Was aber von der Taufe, das mußte von jeder andern sakramentlichen Handlung (und als solche wurde die Ordination betrachtet) doch auch gelten. Die Donatisten gingen von der herrschend gewordenen neuen Praxis wieder auf das alte Herkommen zurück, ja sie verschärften es noch, indem sie nicht blos Häretikern, sondern auch unwürdigen Gliedern in der Kirche die Fähigkeit wirksamer Sakramentsverwaltung absprachen. Dem gegenüber hat nun schon die Synode von Arles (314) erklärt, daß die Gültigkeit eines Sakraments keineswegs von der Würdigkeit des Spenders abhänge, und dieser Grundsatz ist fortan in der Kirche herrschend geblieben. Auch unsre Reformatoren hielten den Anabaptisten, welche den donatistischen Irrthum erneuerten, ent=

2

gegen: Sacramenta et verbum propter ordinationem et mandatum Christi sunt efficacia, etiamsi per malos exhibeantur (Conf. Aug. art. 8.) Wir meinen mit vollem Recht. Denn der Haupteinwand des Donatismus, daß ein Ungläubiger oder in Todsünden Verfallener den heiligen Geist nicht habe und deßhalb auch die Gaben und Güter des Geistes Andern nicht mittheilen könne, ist nicht stichhaltig. Gott bedient sich zur Verwaltung der Sakramente zwar menschlicher Werkzeuge, immer aber bleibt er selbst das agens principale (1 Cor. 4, 1.) Wenn daher die Sakramente der Einsetzung gemäß als heilige Hand= lungen verwaltet werden, so theilt Gott auch die verheißnen und mit ihnen verbundenen Gnadengaben wirklich mit, gleichviel ob der Spendende ein unwürdiges Glied der Kirche ist oder nicht. Semper est Dei illa gratia, sagt mit Recht Augustin (ep. 166 cf. Joh. Gerh. loc. 18, 30) et Dei sacramentum, hominis autem solum ministerium, qui si bonus est, adhaeret Deo et operatur cum Deo, si autem malus est, operatur per illum Deus visibilem sacramenti formam, ipse autem donat invisibilem gratiam.

Also selbst die Thatsache zugegeben, daß Felix von Aptunga ein Traditor gewesen, so war damit die Trennung der Donatisten von der allgemeinen Kirche keineswegs gerechtfertigt, sondern nichts als will= kürlicher Separatismus. Sie wurden aber nun auf der einmal betretenen schlüpfrigen Bahn immer weiter von Irrthum zu Irrthum gedrängt. Wir haben bereits oben darauf hingewiesen, daß gerade in der afrikanischen Kirche der Gedanke der einen, wahren Kirche gegenüber den häretischen Sondergemeinschaften sehr lebendig war. Wollten nun die Donatisten sich nicht selbst aufgeben, so mußten sie für sich den An= spruch erheben, die wahre Kirche zu sein, und alle Nicht=Donatisten als Häretiker betrachten. So verfuhren sie in der That. Wenn eine Kirche, sagten sie, so offenbare Sünder in ihrer Mitte, ja in ihrem Klerus duldet, wie die katholische thut, so verliert sie damit den Charakter der Heiligkeit und Reinheit, welcher der Kirche wesentlich ist, und hört auf wahre Kirche zu sein. So gelangten sie zu dem Satze, daß zur Hei= ligkeit der Kirche die Heiligkeit sämmtlicher einzelnen Glieder derselben erfordert werde, einer Behauptung, die zu verschiedenen Zeiten in der Kirche aufgetaucht, immer aber entschieden bekämpft worden ist. Der Donatismus ist nicht ihr erster Verfechter gewesen. Schon die Montanisten wurden in dem Versuch die Zustände und Gnadengaben der ersten apostolischen Zeit festzuhalten und zu erneuern auf dieselbe Ansicht geführt und schlossen deßhalb alle Todsünder unwiderruflich von ihrer Gemeinschaft aus. Auch ihnen bestand die Heiligkeit der Kirche in der Heiligkeit ihrer einzelnen Glieder. Nur gingen sie nicht so weit, diejenigen, welche eine mildere Bußdisciplin kannten und übten, den Häretikern gleich zu achten. Weit entschiedener wurde die Forderung einer absoluten Reinheit der Kirche von den Novatianern (Ka= tharern) erhoben, hier im Gegensatze zu dem immer monarchischer sich gestaltenden Episkopat. Sie bestritten die Schlüsselgewalt der Bischöfe (was übrigens auch die Montanisten zu Gunsten der geistbegabten, pneu= matischen Menschen gethan, als welche sie sich selbst ansahen) und ließen die lapsi ohne Hoffnung, wenn auch nicht des Heils, so doch der Wiederaufnahme in die Kirche. Darüber kam es zum Schisma, die Novatianer erklärten sich für die eine wahre und heilige Kirche, deren Priester allein eine heilskräftige Taufe vollziehen könnten, und tauften die zu ihnen übertretenden Glieder andrer christlicher Gemeinschaften von Neuem. Schon hier finden wir dieselbe Gleichstellung der Katholiker mit Häretikern wie bei den Donatisten. Davon ist dann die Wiedertaufe unter der Voraussetzung, daß die Ketzertaufe für ungültig gehalten wird, nur die

Consequenz. In einem Punkte freilich haben die Donatisten den veränderten Zeitumständen Rechnung ge= tragen, sie haben die Möglichkeit der sogenannten zweiten Buße (Bekehrung der Abgefallenen) nicht geleugnet. Soviel hatte die rigoristische Disciplin doch selbst in Afrika schon an Boden verloren, daß die Schismatiker auf keinen bedeutenden Anhang rechnen konnten, ohne die Wiederaufnahme der Gefallenen zuzugestehen. Der in Rede stehende Grundsatz der Donatisten ist übrigens später erneuert worden. Nicht im Mittelalter, denn da trat die anstaltliche Seite der Kirche durchaus vor der communio sanctorum in den Vordergrund, und auch die persönliche Heiligkeit ließ man sich durch die „Seligkeitsanstalt" auf höchst bequeme Weise vermitteln. Als aber der tief persönliche Geist des Germanenthums in dem sola fide Luthers seinen religiösen Ausdruck gefunden hatte, und man in Betrachtung der Kirche anfing von unten, von dem gläu= bigen und heiligen Volk auszugehen, da war die Frage wieder näher gelegt, wie fern zur Heiligkeit der Kirche die Heiligkeit der Glieder gehöre, und schwärmerische, wie einseitige, unreife Gemüther konnten leicht in donatistischer Weise sie beantworten. Das Gemeinsame aller Richtungen, in denen der Donatismus wieder auflebte, ist das Dringen auf Heiligung des Lebens bei Gleichgültigkeit gegen alles äußere Kirchen= thum und insbesondre gegen Lehre und Bekenntniß. Fast alle können einen gewissen geistlichen Hochmuth nicht verleugnen, mit dem sie sich über die Glieder größerer, organisirter Kirchengemeinschaften erheben, und häufig genug fallen sie in fanatischen Antinomismus. Neben einigen kleineren Parteien müssen wir die böhmisch=mährische Brüderkirche und ihre Fortsetzung, die herrnhutische Brüdergemeinde, ja selbst den Pietismus in manchen, von Spener freilich vorsichtig abgeschnittenen Auswüchsen hierher rechnen (vergl. Kahnis, der innere Gang des deutschen Prot. 3. A. S. 231 u., bes. S. 235 ff.) Am ausgepräg= testen fand sich der Donatismus bei den Mennoniten und Baptisten in der ersten Zeit ihres Bestehens wieder (vergl. Oosterzee, Art. Menno in Herz. RE.)

Wie steht es nun mit dem Recht oder Unrecht dieses eigentlichen Kernpunktes des Donatismus? Soviel ist zunächst gewiß, daß keine christliche Gemeinschaft jemals den Charakter der Heiligkeit ganz ver= leugnen darf, daß also die Kirche überall auch heilige Glieder haben wird. Was aber von jeher mit gutem Schriftgrund bestritten worden ist, ist dies, daß sämmtliche Glieder der Kirche heilig sein müssen. Schon Cyprian hat den Novatianern, Augustin den Donatisten die Gleichnisse vom Unkraut unter dem Weizen Math. 13, 24 ff. vgl. 18, 15 und vom Netze mit den faulen und guten Fischen Math. 13, 47 ff. entgegen= gehalten, und aus der Apostelgeschichte (vgl. 5, 1 ff.) und den Briefen der Apostel (z. B. 2 Tim. 2, 19. 20.) geht mit Sicherheit hervor, daß Scheinchristen und grobe Sünder in den ersten Christengemeinden nicht gefehlt haben. Eine ungemischt aus lauter Reinen bestehende Gemeinschaft ist in der That ein ungeschicht= liches Ideal. Das zeigt am besten die Erfahrung an solchen, die sich dafür ausgeben. Bei ihnen allen war in Wirklichkeit ebenso viel Unvollkommenheit und Unreinheit zu finden wie in der übrigen Kirche. Aber das Prädikat der Heiligkeit ist auch gar nicht auf diese menschlich=äußerliche Seite der Kirche, weder auf die Personen, noch auf die Institutionen in Lehre und Leben zu beziehen (Apgesch. 15, 22 ff.). Sie sollen nach Gottes Ordnung für die Zeit noch unvollkommen bleiben (Offb. Joh. 3, 17. Math. 19, 16 ff.) Wohl aber kommt es ihr zu nach der göttlich=innerlichen Seite ihres Wesens. Es ist wie mit dem einzelnen Christen, der ebenfalls seinem inwendigen, neuen Menschen nach heilig und gottgefällig ist, obwohl er immer noch viel Schwachheit und Sünde an sich hat. Die Kirche nun ist der eine vom heiligen Geiste beseelte,

2*

von Christo, dem Haupte, regierte Leib Christi, dem Alle angehören, welche in den Bereich seiner Gnaden=
wirkungen, sei es durch das Wort oder durch die Taufe eingetreten sind. Dieser eine Leib hat eine Wesens= und eine
Erscheinungsseite. Nach jener ist er vollkommen, heilig und göttlicher Natur theilhaftig. Nach dieser zeigt
er mancherlei Flecken und Runzeln, weder der Organismus, noch die einzelnen Glieder sind vollkommen,
viele sogar krank und abgestorben. Wie aber die Christen nach dem, was Gott an ihnen gethan und was
sie sein sollen, Heilige genannt werden, ob sie gleich viel Sünde an sich haben, so wird auch der Körper
der Kirche a parte potiori Gemeinde der Heiligen genannt, obwohl sich in ihrem Organismus manche
unvollkommene Einrichtung, unter ihren Gliedern manches unwürdige, mancher Heuchler und Scheinchrist
finden mag. Der Fehler des Donatismus ebensowohl wie des Katholicismus ist der, daß sie bei der
Betrachtung der Kirche von der Erscheinungsseite ausgehen und daher die wesentlichen Attribute derselben
wie Einheit, Heiligkeit u. s. w. entweder auf den äußeren Organismus (die Anstalt) beziehen oder auf die
Gesammtheit der Christen, die er in sich schließt. Auf diese Weise kommt man nicht über den Widerspruch
zwischen Katholicität und Heiligkeit hinaus. Erst in der reformatorischen Unterscheidung einer sichtbaren
(Erscheinungs=) Seite und einer unsichtbaren (Wesens=) Seite der Kirche ist die Grundlage zur befriedigenden
Lösung jenes Widerspruchs und zur völligen Besiegung des Donatismus gegeben.

Wir haben endlich noch das Verhältniß kurz zu berühren, in welches der Donatismus zur Staats=
gewalt trat. Die Donatisten sind sich darin nicht gleich geblieben. Nachdem sie sich zuerst selbst an den
Kaiser gewandt hatten, um ihr vermeintliches Recht durch seine Vermittlung und Unterstützung anerkannt
zu sehen, wollten sie ihn später, als sein Spruch gegen sie ausgefallen war, nicht mehr als competenten
Richter in Religionsangelegenheiten gelten lassen und forderten durch ihre fanatische Widerspenstigkeit die
weltliche Gewalt gegen sich in die Schranken. Ja sie machten unter Constans gemeinschaftliche Sache mit
aufrührerischen Bauern und Sklaven und mit jenen schwärmerischen Asketen, welche damals unter dem Namen
der Circumcellionen (qui circum cellas rusticorum vagabantur) eine Landplage für Nord=Afrika waren.
Freilich officiell wollten sie nichts mit diesen Bundesgenossen zu thun haben und leugneten jede Verbindung
mit ihnen ab. Aber was half es? Jene bekannten sich zu den Donatisten und kämpften für deren Sache.
Die Bewegung zeigte höchst gefährliche, revolutionäre und communistische Symptome und nöthigte die Staats=
gewalt, militärisch dagegen einzuschreiten (345 Taurinus.) Erbittert wie sie waren, war es ein vergeblicher
Versuch, den Kaiser Constans machte, sie durch Güte zu gewinnen. Er ließ den unter Mangel und Noth
Seufzenden eine Geldunterstützung anbieten. Aber mit Entrüstung wiesen sie dieselbe zurück und sprachen
bei dieser Gelegenheit zuerst den Grundsatz aus, daß Kirche und Staat nichts mit einander zu
schaffen hätten (Quid est imperatori cum ecclesia?) Es scheint also, als ob sie die absolute Trennung
der Kirche vom Staate für das grundsätzlich richtige Verhältniß beider Gebiete gehalten hätten und die ersten
Vertreter des sogenannten Freikirchenprincips gewesen wären. Wir würden darin nur eine Consequenz ihres
falschen Kirchenbegriffs erkennen können, der, wie wir gesehen haben, auf einseitiger Ueberspannung des
Attributs der Heiligkeit beruhte. Sie, die für sich den Anspruch erhoben eine Gemeinde von lauter Heiligen
zu sein und die außer sich keine christliche Gemeinschaft anerkannten, mußten nothwendig dahin kommen,
jede Verbindung mit der Staatsgewalt, die sie noch dazu mit ihren katholischen Gegnern im Bunde sahen,
abzubrechen ja zu verabscheuen. Keinen andern Herrn kann solche Gemeinschaft anerkennen als Christum,

den himmlischen König, keiner andern Stimme gehorchen als der des heiligen Geistes. Allein um nicht ungerecht zu sein, müssen wir zugestehen, daß die Donatisten nach den uns erhaltenen Berichten nicht alle Consequenzen jenes Satzes gezogen haben, sich vielleicht über die volle Tragweite desselben gar nicht klar geworden sind. Vielmehr haben sie ihn in der Noth des Augenblicks nur in dem Sinne angewendet, daß sie damit die Gewaltmaßregeln, durch welche die Staatsgewalt sie zur katholischen Kirche zu zwingen suchte, als ungerechtfertigt bezeichnen wollten. Und in dieser Beziehung waren sie allerdings im Recht und stehen als Verfechter der Religions= und Gewissensfreiheit da. Nur wird man immer festhalten müssen, daß die= selbe principielle Verwerfung jedes andern Glaubensstandpunktes, die ihre Gegner zur Anwendung von Zwangsmaßregeln führte, sich auch bei den Donatisten fand. Sie würden also unter günstigeren Umständen vielleicht ein ähnliches Verfahren gegen die Katholiker eingeschlagen haben wie diese jetzt gegen sie. (Dafür spricht auch ihr Verhalten gegen die Maximianer, eine Partei innerhalb ihrer eignen Gemeinschaft.) Nicht grundsätzlich, sondern nur thatsächlich haben sie die Glaubensfreiheit vertreten. So entschieden wir aber mit den Donatisten die Anwendung von Gewaltmaßregeln in Sachen der Religion verwerfen müssen, ebenso entschieden müssen wir uns gegen ihren falschen Kirchenbegriff und dessen letzte Consequenz, die absolute Trennung der Kirche vom Staat, erklären. Beide, Kirche und Staat, haben zuviel Berührungspunkte mit einander und sind offenbar auf ein freies Zusammenwirken in vielen Beziehungen angelegt. Darum wohl vorsichtige Abgrenzung der Gebiete, aber keine Scheidung! Bei dem in neuerer Zeit (besonders von refor= mirter Seite) vielfach laut werdenden Verlangen nach einer „freien Kirche" im Unterschiede von der Staats= kirche drängt sich uns stets die Befürchtung auf, daß nur ein bodenloser Subjectivismus oder der donatistische Kirchenbegriff es ist, der die Schranken der Staatskirche zu durchbrechen trachtet. Das Richtige liegt vielleicht in einer Vereinigung der Gegensätze von Staatskirche und Freikirche, die wir nicht ohne Weiteres für un= möglich halten möchten. Grade wenn in der Staatskirche, in dem größeren coetus vocatorum, sich der engere coetus credentium fester zusammenschließen würde, nur natürlich aus freiem Antriebe und in gesunder, nicht pietistischer Frömmigkeit, so könnte daraus viel Segen für die Gesammtkirche erwachsen.

Alles in Allem ist zu sagen, daß der Donatismus zwar in einem Punkte faktisch in seinem Rechte war, obgleich seine dahin gehörigen Aeußerungen und Behauptungen nicht auf dem Grunde einer richtigen principiellen Ueberzeugung ruhten; daß er sonst aber als Richtung weder äußerlich hinsichtlich der Art seiner Entstehung noch innerlich hinsichtlich seiner Grundsätze und Lehrmeinungen berechtigt genannt werden kann.

Friedland.   Rieck.

Ueber das Verhältniß Kants zu Cartesius.

Jahrhunderte hindurch hatte im Mittelalter die Philosophie die Fesseln einer herrschsüchtigen Kirche getragen und derselben unter dem Namen der Scholastik zur Befestigung ihrer Glaubenslehren gedient. Mit dem Aufschwung aber, der gegen das Ende des Mittelalters sich überall auf dem Gebiete des politischen, des socialen und des wissenschaftlichen Lebens bekundete, begann auch die Philosophie, sich wieder ihrer hohen Aufgabe bewußt zu werden und sich der bisherigen Dienstbarkeit zu entziehen, indem sie sich mehr und mehr wieder einer selbstständigen Erforschung des natürlichen und geistigen Seins, sowie einer von äußeren Normen unabhängigen sittlichen Selbstbestimmung zuwandte.

Dieses Wiederaufleben des philosophischen Geistes ist bezeichnet durch die Periode der italienischen Naturphilosophie, die in Giordano Bruno und Thomas Campanella ihre kühnsten und geistreichsten Vertreter fand. Der Erstere trat mit seinen philosophischen Grundsätzen sogar in offene Opposition zur römischen Kirche und büßte dafür in rühmenswerther Ueberzeugungstreue mit dem Feuertode; gleichwohl ist der allgemeine Charakter dieser Philosophie mehr oder weniger noch durch kirchliche Interessen bedingt, und es fehlt ihr zumeist noch an Selbstständigkeit wie an innerer Entwicklungsfähigkeit.

Auf einen höheren Standpunct erhob sich die Philosophie mit Baco von Verulam, welcher mit Beseitigung aller scholastischen Begriffe und mit Vermeidung aller theologischen Streitfragen das Princip freier, methodischer philosophischer Forschung in sich zum Bewußtsein brachte und, indem er seine Methode auf Erfahrung und Induction beschränkte, der Begründer der empiristischen Entwicklungsreihe der neueren Philosophie wurde.

Zu einem neuen, selbstständigen, inhaltreichen und auch systematisch durchgebildeten philosophischen System brachte es aber erst Cartesius, zugleich als Mathematiker und Physiker wie als Philosoph von epochemachender Bedeutung. In dem Bewußtsein der Unsicherheit aller bisherigen wissenschaftlichen Forschung und im Hinblick namentlich auf den Abstand der bisherigen philosophischen Erkenntniß von der mathematischen Gewißheit unternahm er von dem Standpuncte eines gänzlich voraussetzungslosen Denkens aus die Neubegründung der Philosophie. Im Gegensatz zu Baco verwarf er jedoch alle erfahrungsmäßige Erkenntniß und errichtete vielmehr nach der Richtschnur der mathematischen Methode der Deduction und auf der einzigen

Grundlage eines „klaren und deutlichen" Denkens ein neues philosophisches System, das die ganze sichtbare und unsichtbare Welt umfaßte, und begründete damit die dogmatische Metaphysik. Dieses System erwarb sich bald eine um so ausgedehntere Herrschaft, als es eine Aussöhnung der naturalistischen Richtung mit theologischen Begriffen anstrebte; zugleich war es von einer großen Entwicklungsfähigkeit. So führte der Dualismus zwischen Gott und der Welt, den die Lehre des Cartesius enthielt, und der durch die Theorie des Occasionalismus noch offenbarer geworden war, zum Spinozismus; und aus dem Dualismus von Geist und Körper, der auch in der Lehre Spinoza's noch unvermittelt stehen geblieben war, entwickelte sich Leibnitzens Monadologie, auch die Leibnitz-Wolfische Schule steht im Allgemeinen noch auf dem Boden der Cartesianischen Philosophie.

Indessen erwies sich die Grundlage derselben auf die Dauer doch nicht fest genug, und die Einseitigkeit ihrer Principien mußte schließlich zu demselben Resultat führen, wie die Einseitigkeit der entgegengesetzten empiristischen Richtung: zu der Einsicht nämlich, daß ebensowenig durch das Denken allein wie nur durch Erfahrung Erkenntniß möglich sei. Somit war die Philosophie in der zweiten Hälfte des achtzehnten Jahrhunderts einmal wieder an einem jener Wendepuncte angelangt, wo sie den bisherigen Weg verlassen und eine neue Bahn einschlagen mußte, wenn sie ihrer hohen Aufgabe und Bedeutung gerecht werden wollte.

Dies erkannt zu haben ist Kants Verdienst; er führte demgemäß die Reform der Philosophie in großartiger und umfassender Weise durch und erhob dieselbe dadurch auf einen Standpunct, der alle früheren Systeme weit überragte; er pflanzte einen Baum der Erkenntniß, der sich in fruchtbarster und herrlichster Weise entwickeln sollte. — Die Stellung nun und das Verhältniß, welches Kant bei der Neubegründung der Philosophie zu seinem großen Vorgänger Cartesius, dem Urheber der dogmatischen Metaphysik, einnahm, soll Gegenstand der nachfolgenden Untersuchung sein.

Auf dem Boden der dogmatischen Metaphysik stand auch Kant noch in derjenigen Periode seiner philosophischen Entwicklung, welche als die vorkritische bezeichnet wird. Aufgewachsen in den Anschauungen der Leibnitz-Wolfischen Schule, vertrat er die Leibnizische Philosophie, wenn auch mit oft wesentlichen Modificationen, in seinen ersten Schriften, wie namentlich in den beiden academischen Abhandlungen aus den Jahren 1755 und 1756: Principiorum primorum cognitionis metaphysicae nova dilucidatio und Monadologia physica. Indessen hat Kant doch von vornherein kein rechtes Vertrauen zu der Metaphysik gehabt; und es ist interessant zu beobachten, wie er sich je länger je mehr von derselben entfernt. Schon in seiner ersten Schrift, den 1747 herausgegebenen „Gedanken von der Schätzung der lebendigen Kräfte ꝛc." sagt er § 19: „Die Metaphysik ist, wie viele andere Wissenschaften, erst an der Grenze einer recht gründlichen Erkenntniß." In der 1763 veröffentlichten Abhandlung „von dem einzig möglichen Beweisgrund zu einer Demonstration des Daseins Gottes" nennt er die Metaphysik schon „einen finstern Ocean, ohne Ufer und ohne Leuchtthürme." Drei Jahre darauf ist er bereits zu der Einsicht gekommen, daß alle Speculationen der menschlichen Vernunft über Dinge, die außer dem Bereich unserer Erfahrung liegen, wie über die geistige Natur, über Freiheit und Vorherbestimmung, über die Unsterblichkeit der Seele u. A. „durchaus vage und vollkommen überflüssig" seien; und in dieser Ueberzeugung giebt er die Metaphysik in den „Träumen eines Geistersehers, erläutert durch Träume der Metaphysik" in einer oft launigen Weise als ein Wahngebilde der Vernunft gänzlich auf. Gleichwohl widersprach es dem lebhaften Forschungstrieb Kants, bei diesem Skepticismus und Indifferentismus, „der Mutter des Chaos und der Nacht in Wissenschaften", zu verharren; und hatte er die Metaphysik vorläufig für überflüssig erklärt, so suchte er sich sehr bald klar zu werden über die Möglichkeit oder Unmöglichkeit einer solchen Wissenschaft überhaupt. Das Urtheil hierüber aber sollte erst gesprochen werden nach einer sorgfältigen Untersuchung des Vernunftvermögens „in Ansehung aller Erkenntnisse, zu denen sie, d. i. die Vernunft, unabhängig von aller Erfahrung streben mag."

Mit dieser Untersuchung, welche Kant in seiner Kritik der reinen Vernunft führte, trat er von vornherein in einen Gegensatz zu den Dogmatikern überhaupt wie zu Cartesius im Besonderen; denn diese waren ausgegangen von der Voraussetzung, daß eine Erkenntniß der sinnlichen und übersinnlichen Welt durch reine Vernunft möglich sei, ohne sich freilich über das Wie einer solchen Erkenntniß genügend Rechenschaft zu geben. Diesem Dogmatismus der Metaphysik, den Kant als „ein Vorurtheil" bezeichnet, „in ihr ohne Kritik der reinen Vernunft fortzukommen," stellt er seinen Kriticismus entgegen und erklärt damit zunächst die Grundlage aller bisherigen Philosophie für unsicher und zweifelhaft.

Eine gewisse Kritik des Erkenntnißvermögens hatte Cartesius allerdings auch versucht, auch er war von der Ueberzeugung durchdrungen, daß das wichtigste aller Probleme, die gelöst sein wollten, die Einsicht in die Natur und in die Grenzen der menschlichen Erkenntniß sei. „Das ist eine Frage," sagt er in den Règles pour la direction de l'esprit, „die einmal in seinem Leben Jeder geprüft haben muß, der nur die geringste Liebe zur Wahrheit hat, denn diese Untersuchung begreift die ganze Methode in sich als das wahre Organon der Erkenntniß &c." Außerdem hatte er, ausgehend von der Beobachtung, daß unter allen Wissenschaften seiner Zeit die mathematischen allein zu feststehenden Wahrheiten führten, die in ihnen gebräuchliche Methode der Deduction auch für seine philosophischen Forschungen zum Princip erhoben, wenn er sie auch nicht in der strengen Form anwandte, wie nach ihm Spinoza und Wolf; und so glaubte er, daß seine Beweise für das Dasein Gottes und andere Fragen der Metaphysik mindestens die Evidenz mathematischer Beweise haben müßten.

Dem gegenüber that Kant schon in der Preisschrift über die Deutlichkeit der Grundsätze der natürlichen Theologie und Moral (1764) dar, welch ein großer Unterschied hinsichtlich der Beweisfähigkeit zwischen der Metaphysik und den mathematischen Wissenschaften bestehe, und wies nach, daß die mathematische Methode niemals diejenige der Metaphysik sein könne. Welche Einsicht in die Natur und Grenzen der menschlichen Vernunft aber hatte Cartesius überhaupt gewonnen? So scharf er diese Frage auch betonte, und so sehr er auch von der Wichtigkeit dieses Problems durchdrungen war, so blieb er in der Lösung desselben doch weit hinter seiner Aufgabe zurück.

Als Erkenntniß galt ihm nämlich das klare und deutliche Wissen um etwas. Dieses klare und deutliche Wissen war ihm entweder ein unmittelbares, auf angebornen Ideen und Axiomen beruhendes, oder es war ein von diesen abgeleitetes. Zu den ewigen und angeborenen Wahrheiten rechnete er besonders die Sätze des Widerspruchs und der Causalität, deren er sich auch fast ausschließlich zur Lösung des Erkenntnißproblems bediente. Mit dieser Auffassung von der Natur der Erkenntniß hing es auf das Engste zusammen, wenn Cartesius alles Erkennen allein in das Denken verlegte und Erkenntniß auch unabhängig von irgend welcher Anschauung für möglich hielt. Den Begriff des Denkens faßte er sehr weit. Im Anhang zu den Meditationen versteht er darunter Alles, was so in uns ist, daß wir uns dessen unmittelbar bewußt sind, nämlich jedes Wollen, Einsehen, bildliche Vorstellen und sinnliche Wahrnehmen, und dem entsprechend nennt er die res cogitans auch mens sive animus sive intellectus sive ratio, und an einer andern Stelle wieder eine res dubitans, intellegens, affirmans, negans, volens, nolens, imaginans quoque et sentiens. Diese Arten des Denkens unterschied er nur dem Grad nach, und eine Erkenntniß galt ihm um so deutlicher, je weniger sie durch sinnliche Elemente bedingt war. Am sichersten fühlte sich Cartesius demgemäß da, wo sich das Denken, unabhängig von jeder äußeren Anschauung auf rein geistigem Gebiet bewegte; und seine ganze Erkenntnißtheorie lief im Grunde auf ein logisch richtiges Denken hinaus.

Ganz anders gestaltete sich die Erkenntnißlehre bei Kant in Folge seiner Kritik d. r. V., worin er zunächst unser Erkenntnißvermögen einer sorgfältigen und gründlichen Prüfung unterzog. Vergegenwärtigen wir uns auch hier die Grundzüge derselben.

Ausgehend von der wichtigen Unterscheidung Hume's zwischen analytischen und synthetischen Urtheilen, stimmte Kant mit dem schottischen Philosophen darin überein, daß alle Erkenntniß auf Erfahrungsurtheilen, mithin auf der Verknüpfung von Vorstellungen beruhe, daß diese Verknüpfung nicht von außen gegeben sein könne, sondern ihren Ursprung a priori in dem urtheilenden Subject haben müsse, kurz, daß alle wirkliche Erkenntniß in synthetischen Urtheilen a priori bestehe. Da er solche in den verschiedenen Wissenschaften, vor allen in der Mathematik vorfand, so kam es nur darauf an, die Bedingungen ihres Entstehens nachzuweisen, um danach über ihre Anwendung wie über den Umfang der menschlichen Erkenntniß überhaupt zu urtheilen. Zu dem Zweck geht Kant näher ein auf das Wesen der beiden Stämme aller Erkenntniß, der Sinnlichkeit und des Verstandes, und untersucht einzeln in der transscendentalen Aesthetik und Analytik ihre eigenthümlichen Functionen.

Denn die Einsicht, daß neben dem Denken die Sinnlichkeit ein gleich wichtiger Factor unserer Erkenntniß sei, hatte Kant im Gegensatz zu Cartesius schon früh gewonnen; bereits die Schrift „Von der falschen Spitzfindigkeit der vier syllogistischen Figuren (1762)" und noch mehr die späteren enthalten darauf bezügliche Anmerkungen. Ueber das Zusammenwirken von Sinnlichkeit und Verstand zum Zweck der Erkenntniß spricht sich Kant dahin aus:*) „Unsere Erkenntniß entspringt aus zwei Grundquellen des Gemüths, deren die erste ist, die Vorstellungen zu empfangen (die Receptivität der Eindrücke), die zweite das Vermögen, durch jene Vorstellungen einen Gegenstand zu erkennen (Spontaneität der Begriffe); durch die erste wird uns ein Gegenstand gegeben, durch die zweite wird er im Verhältniß auf diese Vorstellung (als bloße Bestimmung des Gemüths) gedacht. Anschauungen und Begriffe machen also die Elemente aller unserer Erkenntniß aus;" „ohne Sinnlichkeit würde uns kein Gegenstand gegeben, ohne Verstand keiner gedacht werden."

Indem nun Kant zunächst die Sinnlichkeit als das Anschauungsvermögen kritisch untersucht, findet er, daß wir dadurch Einzelvorstellungen haben; an denselben unterscheidet er den Stoff, welcher die Sinnesempfindungen bewirkt, und eine reine, a priori in unserm Gemüth liegende Form, unter welcher die Sinnlichkeit die verschiedenen Empfindungen verbindet, d. h. einheitlich begreift; diese Synthesis geschieht in ein Zusammen, das nebenbei auch ein Zugleich ist, und in ein Nacheinander; und so findet Kant als die Formen aller Anschauung Raum und Zeit; das Resultat dieser Untersuchungen faßt er in der ersten Anmerkung zur transscendentalen Aesthetik dahin zusammen „daß Raum und Zeit als die nothwendigen

---

*) Kants Werke, ed. Hartenstein 1867, Bd. III. p. 81.

Bedingungen aller (äußeren und inneren) Erfahrung blos subjective Bedingungen aller unserer Anschauung sind, im Verhältniß auf welche daher alle Gegenstände bloße Erscheinungen und nicht für sich in dieser Art gegebene Dinge sind, von denen sich auch um deswillen, was die Form derselben betrifft, vieles a priori sagen läßt, niemals aber das Mindeste von dem Dinge an sich selbst, das diesen Erscheinungen zu Grunde liegen mag."

Hinsichtlich des Denkvermögens trifft Kant zunächst wieder eine wichtige Unterscheidung, die Cartesius sich nicht klar gemacht hatte, nämlich die zwischen dem Verstand, als dem Vermögen der Einheit der Erscheinungen vermittelst der Regeln, so daß der Verstand sich auf das Erfahrungsgebiet beschränkt, und der Vernunft, als dem Vermögen der Einheit der Verstandesregeln unter Principien, so daß also die Vernunft in diesem Sinne zu der Erfahrung in gar keiner Beziehung steht.

Die kritische Untersuchung der Thätigkeit des Verstandes, wie sie Kant in der transscendentalen Analytik angestellt hat, ergiebt etwa Folgendes.

Den Stoff liefern für die Thätigkeit des Verstandes die durch die Sinnlichkeit vermittelten Anschauungen, ohne diese ist das Denken des Verstandes inhaltlos, seine Aufgabe besteht lediglich darin, die Erscheinungen zu verknüpfen. Denn Verbindung, sagt Kant, liegt nicht in den Gegenständen und kann von ihnen nicht etwa durch Wahrnehmung entlehnt und dadurch in den Verstand aufgenommen werden, sondern ist allein eine Verrichtung des Verstandes. Als die Normen seines Verknüpfens findet Kant die sogenannten Kategorien oder reinen Verstandesbegriffe, d. h. „Gedankenformen, die nur das logische Vermögen enthalten, das Mannigfaltige, in der Anschauung Gegebene, in ein Bewußtsein a priori zu vereinigen." Die Kategorien sind also ursprüngliche Begriffe, wie Raum und Zeit ursprüngliche Anschauungen sind; sie sind aber dem Verstand nicht angeboren, wie Cartesius hinsichtlich seiner ursprünglichen Erkenntnißbegriffe angenommen hatte, sondern sie sind Handlungen des Verstandes, selbstgedachte erste Principien a priori unserer Erkenntniß. Durch diese Kategorien werden also die einzelnen Anschauungen verknüpft; erst durch Anwendung derselben wird Erfahrung gemacht, und andererseits erhellt zugleich, daß die Kategorien nur angewandt werden dürfen auf Objecte einer möglichen Erfahrung. Ein näheres Eingehen auf die Frage nach der Möglichkeit so wie nach der Art der Anwendung der Kategorien erscheint für den vorliegenden Zweck unnöthig. Dagegen müssen wir, um die Verschiedenheit der Kantischen Erkenntnißtheorie von der Cartesianischen ihrem ganzen Umfang nach zu würdigen, noch das Wesen und die Aufgabe der Vernunft im engern Sinne in Kürze betrachten.

Kant definiert, wie wir oben gesehen haben, Vernunft als das Vermögen der Einheit der Verstandesregeln unter Principien. Der Verstand läßt sich daran genügen, daß seine Begriffe und Gesetze sich auf den empirischen Gebrauch, d. h. auf die Sinnenwelt beschränken; nicht so die Vernunft. Diese hat den eigenthümlichen Grundsatz, „zu dem bedingten Erkenntniß des Verstandes das Unbedingte zu finden, womit die Einheit desselben vollendet wird," d. h. sie fordert, daß sich die Reihe der Bedingungen bis zum Unbedingten erstrecke. Und gemäß diesem Grundsatz, welcher in ihrer Natur begründet ist, bildet die Vernunft in sich besondere Vernunftbegriffe — transscendentale Ideen —, welche auf die unbedingte synthetische Einheit der Bedingungen überhaupt gehen. Kant entwickelt diese reinen Vernunftbegriffe aus den Functionen der drei Vernunftschlüsse als die psychologische, kosmologische und theologische Idee. Von den Objecten aber, die möglicherweise diesen Ideen entsprechen, hält er eine Erkenntniß für unmöglich; „sie dienen", wie er es § 60 der Prolegomena am kürzesten und zugleich am faßlichsten ausdrückt, „wenngleich nicht dazu, uns positiv zu belehren, doch die frechen und das Feld der Vernunft verengenden Behauptungen des Materialismus, Naturalismus und Fatalismus aufzuheben und dadurch den moralischen Ideen außer dem Felde der Speculation Raum zu verschaffen.

Somit läßt sich das Resultat der Kantischen Untersuchungen über das Wesen und die Grenzen der menschlichen Erkenntniß in folgende Sätze zusammen fassen, die sämmtlich im Gegensatz zu der Cartesianischen Lehre stehen:

1. Wahre Erkenntniß besteht nur in synthetischen Urtheilen a priori.

2. Eine solche ist nur möglich in der Verbindung von Sinnlichkeit und Verstand.

3. Unsere Erkenntniß kann sich nur auf Gegenstände einer möglichen Erfahrung beziehen.

4. Wir erkennen die Dinge niemals, wie sie an sich sind, sondern wie sie uns erscheinen.

5. Eine Erkenntniß des Uebersinnlichen durch menschliche Vernunft ist schlechthin unmöglich.

So verschieden diese grundlegenden Ansichten bei Kant und Cartesius waren, ebenso verschieden mußten sich natürlich die Consequenzen derselben gestalten, wie eine kurze Prüfung des Cartesianischen Systems seinen wichtigsten Puncten nach auf Grund der Kantischen Kritik darthun möge.

Cartesius begann seine Meditationen, um sorgfältig alle Uebereilung und Vorurtheile zu vermeiden, mit einem theoretischen Zweifel an Allem, worauf sein bisheriges Wissen sich gestützt hatte, besonders an der äußeren sinnlichen Wahrnehmung. Nur Eins schien ihm fest zu stehen, sein Zweifeln selbst, diese denkende Thätigkeit seiner Seele, und daraus leuchtete ihm zugleich die Gewißheit seines eigenen Seins ein: Cogito, ergo sum; diese Erkenntniß galt ihm als eine unmittelbare, auf dem Satz des Widerspruchs beruhende; und weil sie ihm so klar und deutlich war, daß er keinen Grund zu haben glaubte, sie in Zweifel zu ziehen, so machte er die Klarheit und Deutlichkeit einer Erkenntniß zum Kriterium der Wahrheit überhaupt. Ac proinde jam video, sagt im Medit. III, pro regula generali posse statuere, illud omne esse verum, quod valde clare et distincte percipio. Was zunächst dieses Kriterium anbelangt, so wies Kant in der Einleitung zur transscendentalen Analytik nach, daß jenes Princip der Gewißheit ein blos logisches Kriterium sei, nämlich die Uebereinstimmung einer Erkenntniß mit den allgemeinen und formalen Gesetzen des Verstandes, und daß es als ein solches zwar die conditio sine qua non, also die negative Bedingung aller Wahrheit sei, daß aber von der Gewißheit einer Erkenntniß der Materie nach sich kein allgemeines Kriterium aufstellen lasse. Für Cartesius freilich galt, wie wir gesehen haben, logisch denken ebensoviel wie erkennen, und daher hielt er sein Kriterium auch für ein positives und allgemeines Kennzeichen der Wahrheit. Doch sehen wir weiter zu, welche Folgerungen Cartesius an sein Cogito, ergo sum knüpft. Er schließt daraus unmittelbar auf das Dasein seiner Seele als einer denkenden Substanz, wobei er unter Substanz ein Ding versteht, das zu seinem Bestehen keines anderen Dinges bedarf; und aus dieser selbstständigen Natur seiner Seele und aus ihrer Verschiedenheit

von der ausgedehnten und theilbaren körperlichen Substanz schließt er weiter auf die Einfachheit und Un=
sterblichkeit der Seele und begründet damit die rationale Psychologie ihrem ganzen Umfange nach.

Für Kant war eine derartige Erkenntniß rein unmöglich, und ihre Widerlegung bildet den ersten
Abschnitt der Dialektik der reinen Vernunft. Dort sagt er (in der Lehre von dem Paralogismus d. r. V.):
„Von jedem Dinge überhaupt kann ich sagen, es sei Substanz, sofern ich es von bloßen Prädicaten und
Bestimmungen der Dinge unterscheide. Nun ist in allem unsern Denken das Ich das Subject, dem Ge=
danken nur als Bestimmungen inhärieren, und dieses Ich kann nicht als die Bestimmung eines andern
Dinges gebraucht werden. Also muß Jedermann sich selbst nothwendigerweise als die Substanz, das Denken
aber nur als Accidenzen seines Daseins und Bestimmungen seines Zustandes ansehen." Insofern also
unter Substanz das beständige logische Subject des Denkens verstanden wird, stimmt Kant mit Cartesius
überein, widerstreitet ihm aber, wenn dieser darin zugleich ein reales Subject erkennen und demgemäß auf
die Unsterblichkeit der Seele ꝛc. schließen will. Um die objective Realität einer Substanz darzuthun, bedarf
es nach Kant einer Anschauung, und sogar einer äußeren; denn das Schema der Substanz ist die Beharr=
lichkeit, und diese erfordert eine Anschauung im Raum. Das Cogito des Cartesius aber ist lediglich eine
Selbstwahrnehmung vermöge des innern Sinnes, und in einer innern Anschauung, deren reine Form nach
Kant die Zeit ist, wird nichts Beharrliches gegeben. „Indessen kann man," schließt Kant den erwähnten
Abschnitt, „den Satz: die Seele ist Substanz gar wohl gelten lassen, wenn man sich nur bescheidet, daß
uns dieser Begriff nicht im mindesten weiter führe oder irgend eine von den gewöhnlichen Folgerungen der
vernünftelnden Seelenlehre, als z. B. die immerwährende Dauer derselben bei allen Veränderungen und
selbst dem Tode des Menschen lehren könne, daß er also nur eine Substanz in der Idee, aber nicht in
der Realität bezeichne." In den metaphysischen Anfangsgründen der Naturwissenschaft (Anm. zu Lehrsatz II
der Mechanik) kommt er noch einmal auf diesen Gegenstand zurück und zeigt dort in directem Gegensatz
zu Cartesius, daß nach mechanischen Grundsätzen nur die Beharrlichkeit oder Unvergänglichkeit der Materie
bewiesen werden könne. Der Beweisgrund dafür liegt eben in dem räumlichen Dasein der Materie, in
ihrer extensiven Größe, indem alle einzelnen Theile derselben außer einander im Raum sich befinden und
also Substanzen für sich sind, die als beharrliches Dasein im Raum nie verschwinden können. Da die
Seele aber als ein Einfaches keine extensive Größe ist, so läßt sich von ihr auch keine Beharrlichkeit beweisen.
Indessen ist Kant weit davon entfernt, die Unsterblichkeit der Seele überhaupt zu leugnen; er leugnet eben
nur ihre Beweisbarkeit. Im Uebrigen erkennt auch er das Interesse dieser Frage für die Menschheit an
und beweist sogar, wie der Verlauf unserer Untersuchung weiterhin zeigen wird, die Nothwendigkeit einer
solchen Annahme aus Grundsätzen des practischen Vernunftgebrauchs.

Das Princip der Selbstgewißheit, das Cartesius auf sein Cogito, ergo sum baut, erhält nun
noch eine besondere Bedeutung dadurch, daß ihm die Existenz der Seele als allein gewiß, das Dasein aller
Gegenstände äußerer Sinne aber zunächst als zweifelhaft gilt und auf die Wirklichkeit der Körper erst
geschlossen werden könne als auf die Ursachen gegebener Wahrnehmungen. Diese Auffassung bezeichnet
Kant in der Kritik des Paralogismus der Idealität als empirischen Idealismus oder auch als transscen=
dentalen Realismus, weil danach Raum und Zeit als etwas an sich Gegebenes gelten, und äußere Erschei=
nungen als Dinge an sich vorgestellt werden, die unabhängig von uns und unserer Sinnlichkeit existieren.

Wir haben schon gesehen, daß nach Kant alle Gegenstände in Raum und Zeit, d. h. alle Erscheinungen überhaupt, als bloße Vorstellungen, keineswegs aber als Dinge an sich anzusehen sind. Allerdings läßt er diesen Erscheinungen gewisse Noumena, d. h. Dinge an sich, entsprechen; „aber", sagt er, „unsere Verstandesbegriffe, als bloße Gedankenformen für unsere sinnliche Anschauung, reichen nicht im mindesten auf diese hinaus." Wenn danach die äußeren Gegenstände für die Erkenntniß nichts als unsere Vorstellungen sind, so unterscheiden sie sich von der Seele nur dadurch, daß die Vorstellungen der letzteren, als des denkenden Subjects, bloß auf den inneren Sinn bezogen werden, dagegen die Vorstellungen, welche ausgedehnte Wesen bezeichnen, auch auf den äußeren Sinn. Beide Arten von Vorstellungen aber beruhen auf Wahrnehmungen und sind als solche dem Bewußtsein in gleicher Weise gegenwärtig, und die Selbstwahrnehmung des Cartesius hat kein Vorrecht mehr gegen die äußere Sinneswahrnehmung.

Hieran knüpft sich unmittelbar die wichtige Frage nach der Gemeinschaft von Leib und Seele. Waren nach Cartesius Materie und Geist zwei verschiedenartige Substanzen, d. h. Dinge an sich, so erhob sich die Schwierigkeit, die Gemeinschaft dieser beiden Substanzen, die bei dem Menschen Thatsache ist, zu erklären. Cartesius erklärte diesen Zusammenhang als einen natürlichen. Er wies der Seele als der denkenden Substanz ihren vorzüglichsten Sitz im Centrum des Gehirns an, in der glans pinealis, dem sogenannten Conarion. Dasselbe befindet sich über einem Gang, durch welchen nach der Meinung des Cartesius die Lebensgeister, d. h. die feinsten, feurigsten und beweglichsten Theile des Blutes, aus dem Herzen kommend, in das Gehirn eindringen und so zum Theil die Bewegung des Conarions beeinflussen, zum Theil aber auch selbst in ihrer Bewegung durch das Conarion beeinflußt werden. Durch diese gegenseitige rein physische Einwirkung läßt Cartesius einerseits die Vorstellungen der Seele Bewegungen im Körper hervorbringen, während er andererseits auch umgekehrt aus den Bewegungen des Körpers Vorstellungen in der Seele entstehen läßt.

Dieser Theorie von dem physischen Einfluß zwischen Seele und Körper hatte Kant schon in den „Träumen eines Geistersehers ꝛc." jeden Werth abgesprochen; durch die Kritik d. r. V. wurde sie unmöglich, und zugleich wurde damit auch die Annahme einer vorherbestimmten Harmonie oder auch einer übernatürlichen, göttlichen Assistenz beseitigt, wodurch man versucht hatte, den in der Cartesianischen Lehre enthaltenen Dualismus zwischen Seele und Körper aufzuheben. Für Kant lag ein solcher Dualismus überhaupt nicht vor, ihm war der Körper nicht der Gegenstand an sich, wie er außer uns und unabhängig von aller Sinnlichkeit existiert, sondern er galt ihm in gleicher Weise wie die Gedanken als bloße Vorstellung des denkenden Subjects. Bei Kant läuft daher die ganze Frage nach der Gemeinschaft zwischen Seele und Materie darauf hinaus, „wie in einem denkenden Subject überhaupt äußere Anschauung, nämlich die des Raumes (einer Erfüllung desselben, Gestalt und Bewegung) möglich sei". „Auf diese Frage aber", setzt er hinzu, „ist es keinem Menschen möglich, eine Antwort zu finden, und man kann diese Lücke unsers Wissens niemals ausfüllen, sondern nur dadurch bezeichnen, daß man die äußeren Erscheinungen einem transscendentalen Gegenstand zuschreibt, welcher die Ursache dieser Art Vorstellungen ist, den wir aber gar nicht kennen, noch jemals einigen Begriff von ihm bekommen werden." (Bd. III p. 612.)

Indem wir nunmehr den Faden der Cartesianischen Untersuchungen wieder aufnehmen, kommen wir zu einem andern wichtigen Gegenstande der Auseinandersetzung zwischen den in Rede stehenden beiden Philosophen, zu der Frage nach dem Dasein Gottes.

Cartesius machte sich selbst den Einwurf, daß der theoretische Zweifel, durch den er sich aller un=
gründlichen und unsichern Weisheit hatte entledigen wollen, die Annahme nicht ausschließe, daß auch das
scheinbar Unzweifelhafte, wie die soeben gefundene Selbstgewißheit, bezweifelt werden könne, sofern es mög=
lich sei, daß ein allmächtiges Wesen wie in andern Dingen uns auch darin täusche. So schwach ihm dieser
Einwurf freilich zu sein schien, so mußte er ihn doch beseitigen und prüfen, ob überhaupt ein Gott existiert,
und ob — wenn er existiert — er ein Betrüger sein kann; es handelte sich hier nicht um Glaubenssachen,
sondern um stricte philosophische Beweise; Cartesius stellt deren drei auf (cfr. Discours IV, Meditat. III.
und V, Princip. I):

Der wichtigste ist der sogenannte ontologische Beweis. Derselbe beruht auf dem Begriff Gottes
als des vollkommensten Wesens; zu den Vollkommenheiten eines Dinges rechnet Cartesius die Existenz des=
selben und schließt demgemäß aus dem Begriff Gottes auf seine Existenz. Bei dem zweiten Beweise geht
er von der Ansicht aus, daß jede Vorstellung in uns die Wirkung einer realen Ursache sei. Unter allen
unsern Vorstellungen sei die Gottesidee, als die Vorstellung einer vollkommensten Substanz, die einzige, die
nicht in uns oder in noch weniger vollkommenen Dingen ihre reale Ursache haben könne; sie setze daher
das Dasein Gottes selbst als ihres Urhebers voraus. Aehnlich ist der dritte Beweis. Hier legt Cartesius
das Hauptgewicht auf die Thatsache der eigenen Existenz mit der Vorstellung Gottes, als des vollkommensten
Wesens; ein Wesen aber, sagt er, das etwas Vollkommneres wisse, als es selbst sei, könne nicht von sich
kommen, da es sich sonst alle jene Vollkommenheiten, deren Vorstellungen es in sich habe, gegeben haben
würde; folglich könne es seinen Ursprung nur von einem Wesen haben, das alle Vollkommenheiten in sich
begreife, d. h. welches Gott sei.

Dieser Theorie gegenüber ist zunächst im Allgemeinen zu bemerken, daß die Grundlage der Kanti=
schen Philosophie eine solche war, daß sie des Gottesbewußtseins zu ihrer Stütze nicht bedurfte. Wenn die
Philosophie solche Zweifel zulassen will, wie Cartesius es that, so schwindet überhaupt jeder Boden; und
gegen die Annahme, daß Alles bezweifelt werden könne, kann nichts bestehen. Dieser Einsicht gemäß ver=
traute Kant den menschlichen Erkenntnißvermögen, wie sie uns einmal gegeben sind, und beschränkte sich
darauf, ihre Functionen im Einzelnen und in ihrer Zusammenwirkung zu untersuchen und festzustellen, wie
weit auf Grund derselben unsere Erkenntniß reiche. Nun hatte er freilich in seiner vorkritischen Periode
noch geglaubt, daß unsere Erkenntniß sich auch über die sinnliche Welt hinaus erstrecke, und so hatte er es,
obgleich nicht für nöthig, dennoch für möglich gehalten, auch das Dasein Gottes zu beweisen. Indessen
ist auch jene Beweisführung, wie er sie in der Schrift „der einzig mögliche Beweisgrund ꝛc." niedergelegt
hat, von derjenigen des Cartesius wesentlich verschieden. Ausgehend von der Möglichkeit, daß überhaupt
etwas existirt, schließt Kant nach dem Satz des Widerspruchs, daß ein schlechterdings nothwendiges Wesen
als der Realgrund alles Möglichen existiren müsse, weil durch die Verneinung der Existenz eines solchen
zugleich auch alle Möglichkeit aufgehoben würde. Indem er diesen Begriff eines absolut nothwendigen
Wesens dann näher untersucht, findet er, daß es seinen Eigenschaften nach einig, einfach, unveränderlich
und ewig, von der höchsten Realität und zugleich ein Geist, d. h. Gott sein müsse. Außer diesem ontolo=
gischen Beweise ließ Kant in derselben Schrift noch einen zweiten, den kosmologischen, zu, den er später den
physischtheologischen nannte, nämlich den Schluß aus der Schönheit, Ordnung und Zweckmäßigkeit der Welt

auf Gott, als einen weisen Urheber und Ordner aller Dinge. Jeden andern Beweis aber für das Dasein Gottes hielt er schon damals für unmöglich.

Besonders hatte er dem ontologischen Beweise des Cartesius schon früh jeden Werth abgesprochen. Bereits in seiner Habilitationsschrift vom Jahre 1755 „Principiorum primorum cognitionis etc." wies er in dem Scholion zu Propos. VI nach, daß die Existenz eines Dinges nie in seinem Begriff gegeben sei, und daß jener Schluß sich darauf beschränken müsse, Gott als existierend zu denken. Diese Widerlegung wiederholt Kant in der Schrift „von dem einzig möglichen Beweisgrund 2c." und in aller Ausführlichkeit noch einmal in der transscendentalen Dialektik (cfr. Bd. III p. 405 ff.), wo er mit den Worten schließt: „Es ist also an dem so berühmten ontologischen (Cartesianischen) Beweise vom Dasein eines höchsten Wesens aus Begriffen alle Mühe und Arbeit verloren; und ein Mensch möchte wohl ebenso wenig aus bloßen Ideen an Einsichten reicher werden, als ein Kaufmann an Vermögen, wenn er, um seinen Zustand zu verbessern, seinem Kassenbestande einige Nullen anhängen wollte." Nach seiner kritischen Untersuchung unserer Er= kenntnißvermögen konnte Kant überhaupt keinen derartigen Beweis mehr für eine Erweiterung unserer Er= kenntniß gelten lassen; denn nach der transscendentalen Analytik fehlen unserm Verstand die nöthigen Be= dingungen zur Erkenntniß eines übersinnlichen Wesens.

Dagegen weist Kant auch hier aus dem der Vernunft eigenthümlichen Grundsatz, zu der Reihe des Bedingten das Unbedingte zu suchen, für uns die Berechtigung und sogar die Nothwendigkeit nach, die Idee eines Wesens zu bilden, das alle Realität in sich begreift; und aus der Kritik der practischen Ver= nunft geht hervor, daß die Existenz eines allmächtigen und allweisen Gottes auf sittlichem Gebiet nothwendig von der Vernunft „postuliert" werden muß. Dieser Ansicht entspricht schon der Schlußsatz seiner Schrift „von dem einzig möglichen Beweisgrund 2c.": „Es ist durchaus nöthig, daß man sich vom Dasein Gottes überzeuge"; aber wenn er dort noch hinzusetzte: „es ist jedoch nicht ebenso nöthig, daß man es demon= striere", so mußte er schließlich auf Grund der Kritik b. r. V. sagen: „es ist aber unmöglich, daß man es demonstrire".

So war die philosophische Erkenntniß bei Kant durchaus unabhängig von der Gottesidee; bei Cartesius beruhte sie gänzlich darauf. Denn auf die Wahrhaftigkeit Gottes, die ihm nach dem Begriff der höchsten Vollkommenheit eigenthümlich ist, stützte Cartesius — freilich in offenbarem Cirkelschluß — das bereits früher gefundene Kriterium der Wahrheit sammt dem Princip der Selbstgewißheit; da Gott nicht täuschen kann, schließt er, so ist Alles wahr, was ich klar und deutlich vorstelle; seine ganze Philosophie wurzelt also in der Gottesvorstellung, und das Dasein Gottes zu beweisen war für ihn durchaus nöthig. Mit diesem Beweise wurde aber zugleich auch das ganze darauf errichtete System hinfällig.

Folgen wir nunmehr dem Cartesius auf ein anderes Gebiet seiner Untersuchungen, nämlich auf das ethische.

Cartesius spricht die unbedingte Willensfreiheit des Menschen aus und rechnet die Ueberzeugung davon zu den ersten und gewöhnlichsten der uns angebornen Begriffe. (cfr. Princip. I 39.) Ob sich diese Freiheit auch mit der anderweitig ausgesprochenen durchgängigen Causalitätsverknüpfung in der Welt ver= trägt, diese Frage hat sich Cartesius nicht gestellt. Dagegen sah er die Schwierigkeit ein, die menschliche Freiheit zu vereinen mit der Allmacht Gottes, der zufolge wir in jedem Augenblick von ihm abhängig sind.

Da er eine Lösung dieses Widerspruchs nicht zu geben wußte, behalf er sich hier mit dem theologischen Begriff der Unerforschlichkeit Gottes, wonach wir Gottes Allmacht zwar klar und deutlich einsehen, dieselbe aber nicht genügend begreifen, um zu verstehen, wie sie die freien Handlungen der Menschen unbestimmt läßt. Nur in einem Puncte schränkt er die Willensfreiheit ein, indem er sie nämlich an jede richtige Erkenntniß bindet, so daß der Wille einer solchen von selbst zustimmen muß und in dieser Hinsicht also von dem Verstande abhängig ist. Damit waren aber zugleich die moralischen Handlungen des Menschen bedingt, in sofern diese Wirkungen des Willens sind. Und dieser Auffassung der Moralität begegnen wir in der That an den wenigen Stellen seiner Schriften, wo Cartesius gelegentlich ethische Ansichten äußert, wie z. B. im III. Abschnitt des Discours. Er stellt hier vier sogenannte moralische Grundsätze auf, die ihn, wie er sagt, leiten sollten, so lange die Vernunft ihn nöthigte, in seinen Urtheilen unentschlossen zu bleiben. Was er aber darin mittheilt, sind nichts als practische Lebensregeln, in denen allem Thun und Lassen eine richtige Verstandeseinsicht zu Grunde gelegt wird. Bezeichnend dafür ist namentlich der Schluß jener Regeln (cfr. Descartes, ed. Cousin, Paris 1824 I p. 152): „Notre volonté, ne se portant à suivre ni à faire aucune chose que selon que notre entendement la lui représente bonne ou mauvaise, il suffit de bien juger pour bien faire et de juger le mieux qu'on puisse, pour faire aussi tout son mieux, c'est à dire pour acquérir toutes les vertus et ensemble tous les autres biens, qu'on puisse acquérir, et lorsqu'on est certain, que cela est, on ne saurait manquer d'être content" und ähnlich heißt es Art. 148 der Leidenschaften. Nach bester Einsicht zu handeln und es hierin zu mög= lichst großer Vollkommenheit zu bringen: das ist also der Grundgedanke der Cartesianischen Moral, dadurch wird die Tugend erworben und — wie Cartesius nicht verfehlt darauf hinzuweisen — zugleich alle anderen erreichbaren Güter.

Eine solche Auffassung von dem Wesen der Sittlichkeit konnte nur hervorgehen aus einer mangel= haften Einsicht in die Natur der Vernunft; und ganz anders mußte sich die Sittenlehre bei Kant gestalten, nachdem er die theoretische Vernunft von der practischen unterschieden und eine jede in das ihrem Vermögen entsprechende Gebiet gewiesen hatte.

Zunächst geht aus der III. Antinomie der r. V. hervor, daß die Freiheit überhaupt (im kosmo= logischen Sinn) kein Verstandesbegriff, kein Erkenntnißobject ist, und daß es vom dogmatischen Gesichtspunct aus, wonach alle Erscheinungen für Dinge an sich gelten, keine Freiheit, sondern nur naturgesetzliche Causal= verknüpfung geben kann. Indessen erkennt Kant auch hier das Bedürfniß der Vernunft an, sich die Idee einer unbedingten Causalität zu bilden, d. h. „die Idee von einer Spontaneität, die von selbst anheben könne zu handeln"; ja, in der Auflösung der kosmologischen Ideen spricht er auf Grund der kritischen Unterscheidung von Noumenen und Phänomenen wenigstens die Möglichkeit einer transscendentalen Freiheit aus. Wir werden sehen, daß Kant schließlich auch die objective Realität des Freiheitsbegriffs nachweist — aber auf einem andern Wege und in einem andern Sinne als Cartesius.

Kant führt uns zu dem Zweck unmittelbar auf das Gebiet der Sittenlehre. Seiner Auffassung nach beruht nämlich der moralische Sinn in jedem Menschen auf einem unwillkürlichen, von jeder wissen= schaftlichen Einsicht unabhängigen Gefühl, und nach diesem sittlichen Gefühl macht nicht der Inhalt sondern die Form, d. h. der Zweck einer jeden Handlung den Werth derselben aus. Den Zweck setzt der Wille,

2*

indem er nach bestimmten Principien wirkt. Diese Principien unterscheidet Kant in Regeln der Geschicklichkeit, in Rathschläge der Klugheit und in Gebote der Sittlichkeit; davon sind die beiden ersteren subjective Maximen und gehen auf einen empirischen Zweck, während der Zweck des Sittengesetzes auf nichts Anderes gerichtet ist als auf die Pflichterfüllung, ohne Rücksicht auf irgend welchen subjectiven Vortheil. „Handle so, daß die Maxime deines Willens jederzeit zugleich als Princip einer allgemeinen Gesetzgebung gelten könne, das ist nach Kant die Formel des Sittengebots. Die Erfüllung desselben ist nur möglich durch einen Willen, der — unabhängig von jeder empirischen Bestimmung — durch die bloße Form des Gesetzes als bestimmt gedacht wird und als solcher ein reiner Wille ist. Der menschliche Wille wird vielfach empirisch bestimmt; daher äußert sich das Sittengesetz, da es unbedingte Geltung hat, als kategorischer Imperativ; es gebietet, während die Regeln der Lebensklugheit, wie sie auch Cartesius auf= gestellt hatte, nur rathen. In diesem letzteren Falle ist der Wille heteronom; bei Kant ist er autonom; unabhängig von aller Materie des Gesetzes giebt er sich selbst sein Gesetz und ist in dieser Beziehung reine practische Vernunft. In diesem Sinne erhält nun eben die Idee der Freiheit objective Realität. Allerdings sind die Handlungen des Menschen, sofern er empirischer Charakter ist, dem Naturgesetz der Causalität unter= worfen; als Verstandeswesen aber, als „intelligibler" Charakter bestimmen wir selbst unsern empirischen Charakter und handeln somit unter der Idee der Freiheit. Ein Widerspruch mit der göttlichen Allmacht, wie er bei Cartesius entstanden war, ist hier ausgeschlossen dadurch, daß auf dem Standpuncte der Kritik Gott nicht als in der Zeit wirkend gedacht werden kann.

Mit diesem Kantischen Begriff der Freiheit ist zugleich der Wesensunterschied zwischen seiner und der Cartesianischen Sittenlehre gegeben. Der Wille ist bei Cartesius nichts als eine große Neigung im Gemüth, nach bester Einsicht zu handeln, und die Tugend besteht darin, es in Vermeidung des Irrthums und in Beherrschung der Leidenschaften zu möglichst großer Vollkommenheit zu bringen; sie wird empfohlen nicht nur vom sittlichen Gesichtspuncte aus, sondern auch aus Klugheitsrücksicht, weil dadurch zugleich irdische Glückseligkeit erworben wird. In der Kantischen Sittenlehre hingegen duldet der Wille auch nicht den geringsten empirischen Bestimmungsgrund, ja er schließt sogar jede Neigung als „blind und knechtisch" von sich aus. Er kennt keine andern Motive als Achtung für das Gesetz, das um seiner selbst willen erfüllt sein will. Hier ist von Unterordnung unter den Verstand keine Rede. Im Gegentheil wird die theoretische Vernunft nunmehr genöthigt, das Primat des Willens als practischer Vernunft anzuerkennen; und zwar zunächst hinsichtlich des Freiheitsbegriffs. Denn dieser erhält, wie wir sahen, erst durch die practische Vernunft objective Realität; die Freiheit ist ein Postulat der reinen practischen Vernunft, wie Kant es bezeichnet, d. h. „ein theoretischer, als solcher aber nicht erweislicher Satz, sofern er einem a priori unbedingt geltenden Gesetz unzertrennlich anhängt."

Und solcher Postulate giebt es, wie der Verlauf unserer Untersuchung bereits angedeutet hat, noch zwei: die Unsterblichkeit der Seele und das Dasein Gottes. Wie Kant diese beiden Begriffe als unmittelbare und nothwendige Consequenzen des Sittengesetzes entwickelt, kann hier wohl übergangen werden. Diese nothwendigen Postulate der pr. V. erläutert Kant mit den Worten: „Sie sind nicht theoretische Dogmata, sondern Voraussetzungen in nothwendig practischer Rücksicht, erweitern also zwar das speculative Erkenntniß nicht, geben aber den Ideen der speculativen Vernunft im Allgemeinen vermittelst ihrer Beziehung aufs Practische objective Realität und berechtigen sie zu Begriffen, deren Möglichkeit auch nur zu behaupten sie sich sonst nicht anmaßen könnte."

Damit ist denn die Unmöglichkeit einer Metaphysik des Uebersinnlichen nachgewiesen; es bleibt hinsichtlich der darauf bezüglichen Ideen nichts übrig, als ein practisch nothwendiger Vernunftglaube, und alles Wissen ist beschränkt auf die Erscheinungswelt.

Daß Kant und Cartesius auch innerhalb der letzteren auf Grund ihrer verschiedenen Principien zu ebenso verschiedenen Ansichten gelangten, liegt auf der Hand. Jedoch ist diese Frage den bereits erledigten gegenüber von untergeordneter Bedeutung; und ihre Erörterung mag für eine andere Gelegenheit vorbehalten bleiben, zumal da die vorliegende Abhandlung sich innerhalb gewisser ökonomischer Grenzen zu halten hat.

Werfen wir daher zum Schluß noch einen kurzen Blick auf den Gang unserer Untersuchungen zurück, so sehen wir die dogmatische Metaphysik des Cartesius durch die Kantische Kritik in ihren wichtigsten Puncten ihrer Haltlosigkeit überführt. Cartesius dachte rein mathematisch und glaubte dadurch auch in der Philosophie zu mathematischer Gewißheit der Erkenntniß zu gelangen. Der Schein einer solchen Philosophie war verlockend genug; denn danach gab es für die Vernunfterkenntniß überhaupt keine Grenzen; sie erstreckte sich soweit, daß keine Erfahrung je im Stande war, ihr zu folgen, und von ihrer Höhe blickte die Metaphysik stolz auf die Erfahrungswissenschaften herab. So behaupteten die Cartesianischen Erkenntniß= principien lange Zeit ihre angemaßte Herrschaft, und wo Mängel des darauf gegründeten Systems sichtbar wurden, suchte man zu verbessern, ohne nach den Ursachen derselben zu forschen. Erst Kant deckte dieselben auf; durch seine Kritik d. r. V. wurde klar, daß Cartesius, indem er rein mathematisch dachte, mit unbe= kannten Größen rechnete, d. h. mit leeren Begriffen philosophirte. Er hatte bei der Aufstellung seiner Erkenntnißprincipien die Sinnlichkeit unterschätzt und der Vernunft einen unberechtigten Vorzug gegeben. Kant gab der Sinnlichkeit in der Erkenntnißlehre wieder die ihr gebührende Stellung neben der Vernunft und wies die letztere als Erkenntnißvermögen in das Gebiet der Erfahrung zurück.

Cartesius bleibt das Verdienst, nach langer Unterdrückung der Geister die Philosophie systematisch neu begründet zu haben auf der Grundlage des freien Denkens; doch irrte dieses Denken ab und wurde erst durch Kant auf die richtige Bahn geleitet.

A. Schulnachrichten.

1. Lehrverfassung.

Auf eine ausführliche Darstellung der in den einzelnen Classen des Gymnasiums während des verflossenen Schuljahrs durchgenommenen Pensa durfte bei dem durch die vorstehenden wissenschaftlichen Abhandlungen beschränkten Raum um so mehr verzichtet werden, als wesentliche Aenderungen der Lehrverfassung, welche im vorjährigen Programm abgedruckt ist, nicht stattgefunden haben. Für dieses Jahr genüge eine Uebersicht über die Vertheilung der Lectionen.

Tabellarische Uebersicht der Unterrichtsfächer.

Lfd. №	Unterrichtsfächer.	Prima.	Secunda.	Tertia.	Quarta.	Quinta.	Sexta.	Summe der wöchentlichen Lehrstunden.
1.	Religion.	2	2	2	2	3	3	14.
2.	Deutsch (incl. phil. Propädeutik.)	3	2	2	2	3	3	15.
3.	Lateinisch.	8	9	10	9	9	9	54.
4.	Griechisch.	6	7	6	6	—	—	25.
5.	Französisch.	2	2	3	3	3	—	13.
6.	[Hebräisch.]	[2]	[2]	—	—	—	—	[4.]
7.	Geschichte und Geographie.	3	3	3	3	2	2	16.
8.	Mathematik und Rechnen.	4	4	4	3	3	4	22.
9.	Physik und Naturgeschichte.	2	1	—	—	2	1	6.
10.	Zeichnen.	[1]	[1]	1	2	—	—	3 [+1].
11.	Schreiben.	—	—	—	—	2	2 (1)	5.
12.	Singen.	[	b	r	e	i	]	[3.]
13.	Turnen und Schwimmen.	Der Turn- und Schwimm-Unterricht wurde im Sommer nach den bestehenden Vorschriften ertheilt.						
	Summe der wöchentl. Lehrstd. mit Ausnahme des Turnens u. Singens:	30 [+2+1].	30 [+2+1].	31.	30.	28.	25.	173 [+4+1].

1

Vertheilung der Lectionen im Schuljahr 18⁷⁶/₇₇.

№	Namen der Lehrer.	Amtliche Stellung derselben.	Ordin. von.	I	II	III	IV	V	VI	Summe der wöch. Lehrstbn.
1.	Dr. Strenge.	Director.	I.	3 Deutsch. 8 Latein. 2 Griech.	—	—	—	3 Latein. 2 Geogr.	—	18.
2.	Prof. Dr. Dühr.	Conrector.	II.	2 Franz. [2 Hebr.]	7 Latein. 7 Griech. 2 Franz. [2 Hebr.]	—	—	—	—	22.
3.	Funk.	Prorector.	III.	4 Griech.	—	2 Relig. 10 Latein.	6 Griech.	—	—	22.
4.	Marr.	Subrector.	—	4 Math. 2 Physik.	4 Math. 1 Physik.	4 Math.	3 Math. u. Rechnen.	3 Rechnen. 2 Naturg.	—	23.
5.	Stange.	ordentl. Gymnasiallehrer.	IV.	3 Gesch. u Geogr.	3 Gesch. u. Geogr.	6 Griech. 2 Gesch. 1 Geogr.	9 Latein.	—	—	24.
6.	Rieck.	ordentl. Gymnasiallehrer.	V.	2 Relig.	2 Relig. 2 Deutsch.	—	2 Relig. 3 Franz.	3 Relig. 6 Latein. 3 Franz.	—	23.
7.	Dr. Appel.*	ordentl. Gymnasiallehrer.	—	—	2 Latein. (Vergil)	2 Deutsch. 3 Franz.	2 Deutsch. 3 Gesch. u. Geogr.	3 Deutsch.	9 Latein.	24.
8.	Görschner.	Cantor.	VI.	1 Zeichnen (facult.)	1 Zeichnen.	2 Zeichnen.		2 Schreib. 1 Schreib. (o. VI.)	3 Relig. 3 Deutsch. 4 Rechnen. 2 Geogr. 1 Naturg. 3 Schreib.	25.
				2 Singen.					1 Singen.	
				30 [+2+1+2]	30 [+2+1+2]	31 [+2]	30 [+2]	28 [+1]	25 [+1]	181.

* Nach dem Tode des Herrn Dr. Appel übernahm dessen Unterricht im Wesentlichen der neu eingetretene Herr Schulamtscandidat Langrehr.

II. Chronik des Gymnasiums.

Mit dem Schluß des Schuljahrs 18⁷⁵/₇₆ schied nach dreieinhalbjähriger Thätigkeit Herr Director Dr. Steinhausen aus seinem Amt, um das Directorat des mit einer Realschule I Ord. verbundenen Gymnasiums zu Greifswald zu übernehmen. — Mit lebhaftem Bedauern sah unser Gymnasium in ihm den kraftvollen Leiter, den liebenswürdigen Collegen und hochverehrten Lehrer scheiden. Gern und dankbar wird sich dasselbe jederzeit desjenigen Mannes erinnern, der mit dem lebendigsten Interesse, der seltensten Aufopferung und nie ermüdender Ausdauer das Wohl der seiner Leitung unterstellten Anstalt zu fördern bemüht war, dem es gelungen ist trotz mancher Hindernisse Vieles und Großes zu erreichen. Sollte es glücken, das „opus incohatum", welches er zurücklassen mußte, einst voll und ganz zu Ende zu führen — ein Wunsch, der alle beseelt, die es aufrichtig meinen mit der ehrwürdigen Anstalt hiesiger Stadt —, unvergessen werden dann die Verdienste dessen sein, der die Bahnen eröffnet und in scharfsichtiger Weise die Wege gezeigt hat, auf denen dieselbe weiterer Vollendung zugeführt werden kann. — Am Freitag, den 7. April nahm der scheidende Director in herzlicher Weise Abschied von der Stätte seiner bisherigen Wirksamkeit, seinen Collegen, seinen Schülern. Mannigfaltige Ovationen, die ihm am selben Tage noch dargebracht wurden, waren Beweise der Liebe und Verehrung, die man für den verdienten Mann hegte — — pietas sua foedera servet!

Am 24. April begann das neue Schuljahr mit der Einführung des Unterzeichneten* als Director des Gymnasiums. Nachdem Herr Syndicus Gierke als damaliger Vorsitzender der Patronatsbehörde mit herzlichen Worten den neuen Director begrüßt und in sein Amt eingeführt hatte, ergriff der letztere das Wort und beleuchtete in längerer Auseinandersetzung die augenblickliche Stellung des Gymnasiums zu Staat, Kirche, Gemeinde und Familie; er bat sodann die vorgesetzten Behörden und das Lehrercollegium um freundliche Unterstützung bei Führung seines schweren Amtes und ermahnte die Schüler zu ernster Pflichterfüllung. Herr Professor Dr. Dühr hieß schließlich den Unterzeichneten mit kernigen, herzlichen Worten willkommen und verhieß ihm bei Ausübung seines Amtes im Namen der sämmtlichen Collegen bereitwillige Unterstützung.

Gleich mit Beginn des Schuljahrs machte sich die Vertretung eines erkrankten Collegen für mehrere Wochen nöthig; trotz der beschränkten und mit Arbeit überhäuften Lehrkräfte konnte dieselbe bei der entgegenkommenden Bereitwilligkeit aller Collegen ohne nachhaltige Störung des Unterrichtsplanes beschafft werden. Auch bei sonstigen Vertretungen, die sich im Laufe des Schuljahrs nöthig machten, traten die Collegen stets gern und bereitwillig ein, so daß der Unterricht keine wesentliche Unterbrechung erlitt.

Am 10. Mai feierte das Gymnasium ein Familienfest mit. An diesem Tage beging der Senior des Collegiums, Herr Professor Dr. Dühr, seinen 70. Geburtstag. Wohl durfte sich unsere Anstalt, ja auch eine familia im weitern Sinne des Wortes, dieses Tages freuen; wohl ziemte es sich, desselben zu gedenken und dem Manne der Glückwünsche besten darzubringen, der 35 Jahre lang mit treuer Liebe und

---

* Dr. phil. Julius Strenge, geboren zu Ohrdruf im Herzogthum Sachsen-Gotha, gebildet auf dem Proghmnasium seiner Heimathsstadt und dem Gymnasium Ernestinum zu Gotha, studirte auf den Universitäten Jena und Göttingen. Auf letzterer promovirt bestand er ebenda das Examen pro fac. doc. und war dann an dem Gymnasium zu Clausthal, dem Gymnasium und der Realschule I O. zu Göttingen, zuletzt und vor seiner Berufung nach hier am Johanneum zu Lüneburg thätig.

ausharrender Anhänglichkeit unserm Gymnasium seine besten Kräfte gewidmet, ja sein Leben geweiht hatte. In diesem Sinne wurde in der Morgenandacht an jenem Tage nach entsprechendem Gesang und Verlesen des 90. Psalms vom Director des Festes gedacht und der in jugendlicher Rüstigkeit anwesende College begrüßt. In bewegten Worten dankte derselbe Gott für die Gnade, die er ihm bisher bewiesen und gab den Gedanken, die ihn bewegten, Ausdruck. Nach Schluß der Unterrichtsstunden brachte ihm das Lehrer-collegium in seiner Wohnung nochmals seinen besondern Glückwunsch dar und erfreute ihn durch Ueber-reichung eines vom Herrn Gymnasiallehrer Rieck verfaßten lateinischen und eines vom Herrn Gymnasial-lehrer Dr. Appel verfaßten deutschen Gedichts. Am Abend des Tages brachten die Schüler der oberen und mittleren Classen dem verehrten Lehrer ein Fackelständchen, nach welchem einige geladene Herren des Patronats, Lehrer und Schüler der beiden oberen Classen in geselliger Heiterkeit noch einige Stunden mit dem Gefeierten verbrachten.

Am 31. Mai wurde der neue, unmittelbar vor der Stadt gelegene freie und schöne Platz auf dem Hageborn, der durch die Munificenz der städtischen Behörden überwiesen, eingehegt, mit Bäumen bepflanzt und mit allem Nothwendigen und Nützlichen versehen worden war von dem Gymnasium in Besitz genommen. Schüler und Lehrer zogen am Nachmittag jenes Tages unter Musikbegleitung von dem Gymnasium nach dem neuen Turnplatz, woselbst der Director nach dem Gesange eines Turnliedes zunächst den städtischen Behörden den geziemenden Dank für das durch Ueberweisung dieses Platzes unsrer Anstalt von Neuem bewiesene Wohlwollen aussprach. Darauf warf Herr Prof. Dr. Dühr in längerer Rede einen Rückblick auf die Entwickelung des hiesigen Turnwesens, welches der Turnvater Jahn einst selbst hier eingerichtet hat. Der Friedländer alte Turnplatz ist neben dem Stuttgarter der einzige, welcher ununterbrochen und ohne je geschlossen worden zu sein den Zwecken des Turnens gedient hat. Nach einigen Worten des ersten Vorturners schloß die kurze Feier und wurde der Platz mit einem Kürturnen der einzelnen Riegen zum ersten Male in Benutzung genommen. Der neue Platz liegt unmittelbar an dem östlichen Walle der Stadt und wird, wenn neben den beiden gewaltigen Eichen die jungen Anpflanzungen herangewachsen sind, eine besondere Zierde derselben bilden. Um so mehr ist zu wünschen, daß ebendaselbst auch eine Turnhalle errichtet werden möge, damit das Turnen dieselbe Pflege, die es im Sommer und bei gutem Wetter erfährt, auch im Winter und bei weniger günstigem Wetter nicht vermisse.

Vom 3.—10. Juni währten die Pfingstferien.•

Am 26. Juni wurde in der Morgenandacht der am 1. Juni verstorbenen Schwester und des am 20. Juni verstorbenen Bruders Sr. Kgl. Hoheit des Großherzogs, der Herzogin Caroline und des Herzogs Georg von Mecklenburg in geziemender Weise gedacht.

Am 3. Juli hatten Se. Kgl. Hoheit der Großherzog die Gnade, von dem Unterzeichneten bei seiner Anwesenheit in Neustrelitz die unterthänigste Beileidsversicherung unsres Gymnasiums bei den erwähnten beiden Trauerfällen, die das hohe Großherzogliche Haus getroffen, entgegenzunehmen.

Am 8. Juli fand die herkömmliche Turnfahrt nach den Brohmer Bergen unter Theilnahme fast sämmtlicher Schüler und Lehrer des Gymnasiums statt. Der Frohsinn und die Heiterkeit, welche die ganze Tour über geherrscht hatten, erlitt auch durch das starke Gewitter, welches sich am Nachmittag jenes Tages über unserer Gegend entlud, keine Einbuße. Glücklicherweise boten die Gebäude der alten Mühle während desselben den an der Fahrt Betheiligten Schutz gegen den strömenden Regen. In freundlich besorgter Weise hatten angesehene Einwohner der Stadt, die wir hiermit noch unsres Dankes versichern, Wagen bis Lüb=berstorf und zur alten Mühle entgegengeschickt, so daß die Schüler zum größeren Theil von da bequem und schnell nach der Stadt zurückbefördert werden konnten.

Am 10. Juli erwarb sich Herr Hermann Soyaux, ein früherer Schüler unsrer Anstalt und Theil=nehmer an der Güßfeld'schen Expedition zur Erforschung Afrikas, den besondern Dank unsres Gymnasiums für einen interessanten und anregenden Vortrag, den er vor versammelten Lehrern und Schülern über seine Erlebnisse unter den Negern der Loangoküste im Westen Afrikas hielt.

Vom 15. Juli bis 14. Aug. excl. dauerten die Sommerferien.

Das Sedanfest wurde in herkömmlicher Weise gefeiert. Am Freitag, den 1. Septbr. fand eine Vorfeier, vom Gymnasium im Rathhaussaale veranstaltet, statt, bei welcher nach einer Reihe patriotischer Declamationen und Gesänge der Director die Festrede hielt. Am Sonnabend, den 2. Septbr. nahm das Gymnasium am Festgottesdienst, am Festzug und dem Volksfeste auf dem Hagedorn theil.

Zur Maturitätsprüfung Michaelis hatten sich 9 Oberprimaner gemeldet, von welchen drei nach einstimmigem Urtheil der Prüfungscommission noch vor dem Beginn der schriftlichen Prüfung als nicht hinlänglich vorbereitet zurückgewiesen werden mußten; einer wurde nach der schriftlichen Prüfung als nicht genügend bestanden abgewiesen und von den übrigen konnte nur dreien das Zeugniß der Reife nach be=standener mündlicher Prüfung zuerkannt werden. Die mündliche Prüfung fand am 20. September unter dem Vorsitz des Herrn Consistorialrath Werner statt.

Die Abiturienten wurden in Gegenwart des Hochlöbl. Scholarchats am 30. September vom Unter=zeichneten zur Universität entlassen.

Die Michaelisferien dauerten von diesem Tage bis zum 16. October.

Während derselben verlor das Gymnasium den Sextaner Hugo Erich Robert Hildebrandt, der am 1. October dem Nervenfieber erlag. Die hier anwesenden Lehrer und Schüler gaben dem früh voll=endeten, hoffnungsvollen Schüler das Geleite zum Grabe.

Am 16. October fand die Prüfung der zur Aufnahme angemeldeten Schüler statt.

Am folgenden Tage, den 17. October wurde das Geburtsfest Sr. Kgl. Hoheit des regierenden Großherzogs von Mecklenburg=Strelitz durch eine gemeinsame Morgenandacht, bei welcher der Director auf die Bedeutung des Tages hinwies, gefeiert. Nach Einführung der neu aufgenommenen Schüler fielen die Unterrichtsstunden zur Feier des Tages aus.

Am 24. November hatte der Quintaner Willbrandt das Unglück beim Schlittschuhlaufen auf dem Teiche vor dem Brandenburger Thor durchs Eis zu brechen. Vor dem Ertrinken rettete ihn mit eigner großer Lebensgefahr ein Mitschüler, der Secundaner Paul Ernst Siemerling aus Kriesow. Am Tage des Schulschlusses vor Weihnachten hatte der Unterzeichnete die Freude, dem wackern Schüler in Folge erhaltenen Auftrags die Allerhöchste Anerkennung Sr. Kgl. Hoheit des Großherzogs auszusprechen und ihm im Namen Allerhöchstdesselben als Andenken für jene That die Prachtausgabe der Odyssee mit den Preller'schen Bildern in Tondruck überreichen zu dürfen.

Vom 23. December bis 8. Januar excl. dauerten die Weihnachtsferien.

Nicht sollte das Schuljahr zu Ende gehen, ohne dem Gymnasium noch einen schweren und harten Verlust gebracht zu haben. — Am Abend des 19. Januar endete ein jäher Tod das Leben des Herrn Gymnasiallehrer Dr. Appel. Noch hatte derselbe an jenem Tage seinem Berufe im Gymnasium obgelegen, zwei Stunden vor seinem Tode noch Hefte seiner Schüler durchgesehen und corrigirt, als er von plötzlichem Unwohlsein ergriffen und bald darauf durch einen Lungenschlag dem Leben entrückt wurde. Litt der Ent-schlafene auch seit Jahren an einem Uebel, dessen ersten Keim er aus dem Feldzug gegen Oestreich im Jahre 1866, welchen er als Freiwilliger im Kaiser-Alexander-Garde-Grenadierregiment mitgemacht hatte, davon-getragen haben mag und welches menschlicher Berechnung nach seinem Leben immerhin ein frühzeitigeres Ziel als sonst gesteckt haben würde; so traf die Trauernachricht doch unerwartet und schmerzlich. Gerade in den letzten Monaten hatte sich der Verstorbene wohler als sonst gefühlt, mit einer gewissen unverkenn-baren Heiterkeit, die den Gedanken an solch jähen Tod vollständig ausschloß, seine Berufspflichten erfüllt: mitten in seiner Thätigkeit hatte ihn der allmächtige Vater im Himmel abgerufen. — In dem Entschlafenen ist ein treuer, gewissenhafter Mitarbeiter von uns geschieden, dem es ernst war mit seinem Berufe. In seltener Weise lag ihm das Wohl der seiner Obhut anvertrauten Jugend am Herzen, für die er während seiner zweieinhalbjährigen Thätigkeit hier seine besten Kräfte ganz und voll eingesetzt hat. Hart gegen sich selbst verlangte er auch von seinen Schülern denjenigen Fleiß, die Gewissenhaftigkeit, die er selbst als Lehrer bewies. Schlichte Gerechtigkeit übend, Lob und Tadel wo sie verdient waren spendend, streng, wo es noth-wendig, doch auch mild und nachsichtig, wo es erlaubt war, hat er sich die dauernde Achtung und Liebe seiner Schüler erworben. Gleiche Achtung werden ihm seine Collegen bewahren. Schätzten sie doch alle seinen Pflichteifer, seine Berufstreue, die sich trotz des gefährlichen Leidens keine Erleichterung schaffte, nur selten eine Erholung gönnte; seinen offnen Charakter, sein ehrliches Wesen, seine stets heitere, fröhliche Laune, mit der er Jedem begegnete; nicht minder auch den freien Muth, mit welchem er für seine Ueberzeugung, aus der er nie ein Hehl machte, für die Ehre des Gymnasiums und des Collegs, wo er sie mal verletzt glaubte, eintrat. Gewiß, unser Gymnasium wird dem früh Vollendeten ein treues, dankbares Andenken bewahren!

Am 22. Januar benutzte der Unterzeichnete die Gelegenheit der allwöchentlichen Morgenandacht, um dem verstorbenen Collegen vor versammelten Lehrern und Schülern einen dankbaren Nachruf zu widmen. Am 23. Januar geleiteten Lehrer und Schüler die irdische Hülle des selig Entschlafenen zu Grabe; auch der löbl. Kriegerverein nahm an dem ernsten Trauergeleit theil und erwies dem verstorbenen Kameraden die letzte Ehre. Have pia anima!

Die Lücke, welche der Tod in das Lehrercollegium gerissen hatte sollte — ein Glück für die Anstalt, die ohnehin eine neunte Lehrkraft so sehr vermißt — bald wieder ausgefüllt werden. Der schnellen Bereit-willigkeit des Hochlöblichen Magistrats als Patrons unsres Gymnasiums verdanken wir es, daß bereits am 7. Februar der cand. phil. Herr Georg Langrehr* aus Lüneburg als provisorischer Verwalter der erledigten dritten ord. Gymnasiallehrerstelle vom Unterzeichneten mit herzlichen Worten in sein Amt eingeführt werden konnte.

---

* Herr Georg Friedrich Ernst Langrehr, geb. den 22. Juli 1853 zu Lüneburg, vorbereitet auf der Schule in Ebstorf, gebildet auf dem Johanneum zu Lüneburg, welches er Ostern 1873 mit dem Zeugniß der Reife verließ, studierte von Ostern 1873 bis jetzt Philologie auf der Universität Göttingen, woselbst er auch das Examen pro fac. doc. bestand.

Zur Maturitätsprüfung Ostern 1877 haben sich rechtzeitig 10 Oberprimaner gemeldet. Ueber den Ausfall der Prüfung wird im nächsten Programm berichtet werden.

Nicht ohne einen berechtigten Wunsch schließt der Unterzeichnete den vorstehenden Jahresbericht. Wo im großen deutschen Vaterland verstände man nicht heut zu Tage den Werth einer höheren Bildung? Und welche Anstalten sorgen besser für diese als die Gymnasien? Diese, verwachsen mit der Eigenart unsres Volkes, werden alle die Stürme überdauern, die auch in jüngster Zeit gegen dieselben heraubrausten. Je wichtiger aber der Besitz solcher Anstalt für eine Stadt ist, desto sorgfältigerer Pflege bedarf sie. Und diese Pflege, diese Sorgfalt wünsche ich von Seiten maßgebender Factoren unserm Gymnasium, welches seit den Tagen der Reformation an seinem bescheidnen Theil mitgearbeitet hat an den Aufgaben unsrer Nation. Man gönne ihm die Luft, von der es leben muß, um weiter zu wirken und das Licht, dessen es bedarf zur Blüthe. Mit Vertrauen auf das bewährte Wohlwollen der städtischen Behörden sieht der Unterzeichnete in die Zukunft; auch mit der Hoffnung, daß die Zeit nicht fern ist, wo den nothwendigen Bedürfnissen unsrer Anstalt in liberaler Weise Genüge geleistet wird.

Unter den zahlreichen Rescripten der Hohen Behörden ist von allgemeinerem Interesse nur die Verfügung des Großherzogl. Consistoriums d. d. 12. Octbr. 1876, welche eine alljährliche Feier des Geburtstags Sr. Kgl. Hoheit des Großherzogs anordnet.

III. Statistisches.

Am Schlusse des Schuljahrs 187⁷⁄₆ betrug die Zahl der die Anstalt besuchenden Schüler 183; darunter 90 Auswärtige.

Zu Ostern 1876 verließen die Anstalt folgende Schüler:

1. die Ober-Primaner Steffen, Fölsch, Salow nach bestandener Maturitätsprüfung (s. nachher), der Unterprimaner Heese (andere Anstalt),
2. die Unter-Secundaner Krüger und Gwald Fischer,
3. der Ober-Tertianer Sormann, die Unter-Tertianer Hardt und Gotsmann,
4. die Quartaner Helms, Schönfeld, M. Schröder, P. Schröder und Dreyer,
5. die Quintaner Georg Steinhausen, Felix Hepner und A. Peters,
6. die Sextaner Scharck, Friedrich Steinhausen, C. Ziehe, H. Ziehe, W. Hamann, H. Hamann, Kurt Hepner,

im Ganzen 24.

Neu aufgenommen wurden zu Oftern 1876 28 Schüler, so daß sich bei Beginn des Sommer=semesters die Zahl der das Gymnasium besuchenden Schüler auf 187 belief. Von diesen Schülern giengen im Laufe des Sommersemesters ab der Primaner Rahmmacher, der Tertianer Soyaux, der Quartaner Tegge, die Sextaner Holzmann und Wendt; neu aufgenommen wurden in derselben Zeit die Primaner von Schuck=mann und Kersten, der Quintaner Klingenberg II, also 3 Schüler.

Zu Michaelis 1876 verließen die Anstalt

1. die Ober=Primaner Palmié, Wulsten und Gilow nach bestandener Maturitätsprüfung (s. nachher), außerdem der Oberprimaner Pagels,
2. die Unter=Secundaner Heinrichs, Cohn, Runge, Prätorius,
3. die Tertianer Brau und Göbeler,
4. der Quintaner Jacoby,
5. die Sextaner Kasten und Marschhausen,

im Ganzen 13; durch den Tod verloren wir am 1. Octbr. den Sextaner Hugo Hildebrandt. Neu aufge=nommen wurden

in II a Ackermann,

in III Krienke und Ritter,

in V Opitz und Erdtmann — so daß sich die Zahl der Schüler beim Beginn des Winter=semesters auf 176 belief, die sich auf die einzelnen Classen wie folgt vertheilten

1. Oberprima:	12
2. Unterprima:	13
3. Obersecunda:	11
4. Untersecunda:	18
5. Obertertia:	9
6. Untertertia:	16
7. Quarta	28
8. Quinta:	34
9. Sexta:	35
Summa (w. o.)	176

Von diesen Schülern verließ die Anstalt zu Weihnachten 1876 der Unter=Primaner Graf Schwerin. Die Zahl der Schüler beträgt demnach augenblicklich 175; darunter befinden sich 82 Auswärtige.

Verzeichniß der augenblicklich das Gymnasium besuchenden Schüler:

I. Prima.

A. 1. Otto Göbeler.
2. Heinrich Bossart.
3. Paul Dörwald.

4. Hugo Pistorius.
5. Friedrich Krog aus Neu=Käbelich.
6. Alex. v. Drachenfels aus Talsen (Curland).

7. Richard Henckel.
8. Hermann Kootz aus Pasenow.
9. Carl Knuth aus Pasewalk.
10. Bruno von Schuckmann aus Rohrbeck i. d. Neumark.
11. Ulrich Fischer aus Woldegk.
12. Julius Eisenmann aus Berlin.
B. 13. Heinrich Kort aus Schönhausen.
14. Ernst Kersten aus Braunsfelde i. d. Neumark.
15. Roland Göden.

16. Wilhelm Rassow.
17. Max Biesenbahl aus Biesenbahlshof.
18. Hermann Schünemann aus Sarnow.
19. Gerhard Meyer aus Schönbeck.
20. Wilhelm Holtz aus Zinzow.
21. Richard Engelbrecht aus Ketelshagen bei Putbus.
22. Max Ullrich aus Blumberg bei Garz a/O.
23. Max Krog aus Neu-Käbelich.
24. Theodor Westendorf aus Bestorf.

II. Secunda.

A. 1. Paul Bernhöft.
2. Wilhelm Wörnhoff.
3. Heinrich Fölsch aus Friedrichshof.
4. Carl Gilow aus Grapzow.
5. Walther von Rosenberg aus Frankfurt a/O.
6. Richard Otto aus Weselitz bei Prenzlau.
7. Wilhelm Degner aus Dewitz.
8. Ulrich Ackermann aus Rostock.
9. Fritz Steffen.
10. Paul Ernst Siemerling aus Kriesow.
11. Fritz von Drachenfels aus Talsen.
B. 12. Victor Kurth aus Sandhagen.
13. Fritz Koch.
14. Ernst Huth aus Pasewalk.
15. Wilhelm Köhn aus Pasenow.

16. Bernhard Krull aus Penzlin.
17. Julius Paulmann.
18. August Giese.
19. Wilhelm Sonnberg aus Roggenhagen.
20. Bernhard Studier aus Pasenow.
21. Otto Heinrichs.
22. Hugo Reißmann aus Pasewalk.
23. Richard Schmidt.
24. Gustav Böder aus Straßburg U/M.
25. Carl Rahmmacher aus Sponholz.
26. Wilhelm Jenssen aus Ihlenfeldt.
27. Gustav Osten.
28. Fritz Dudy.
29. Max Hennings.

III. Tertia.

A. 1. Hans Beck aus Helpt.
2. Otto Kurth aus Sandhagen.
3. Georg Paris.
4. Fritz Mayen.
5. Hans Ritter aus Boitzenburg a/E.
6. Rudolf Bossart.
7. Hugo Hennings.
8. Otto Hanck aus Neverin.
9. Arthur Steffen.

B. 10. Max Steffen.
11. Rudolf Behnke.
12. Ludwig Tesch aus Coelln b. Treptow a/T.
13. Carl Krog aus Neu-Käbelich.
14. Carl Sonnberg aus Roggenhagen.
15. Emil Krienke aus Pasewalk.
16. Carl Friedrich Ketel aus Woldegk.
17. Adolf Willbrandt aus Blankenhagen.
18. Carl Gerling aus Katzenhagen.

19. Albert Zwerg aus Straßburg U/M.
20. Arthur von Lepel aus Beferitz.
21. Robert Wörnhoff.
22. Heinrich Ollwig.

1. Eduard Schumacher aus Salow.
2. Arthur von Gerzabeck aus Straßburg i/E.
3. Hans Dudy.
4. Carl Blank.
5. Ullrich Fölsch aus Friedrichshof.
6. Carl Friedrich Fischer aus Woldegk.
7. Wilhelm Gerds aus Daffow b. Lübeck.
8. Hugo Bruhns.
9. Hermann Grämkow aus Woldegk.
10. Fritz Kirchstein aus Glienke.
11. Paul Lebbin.
12. Wilhelm Hennings aus Klein-Daberkow.
13. Carl Langnickel aus Woldegk.
14. Max Mussehl.

1. Paul Dieckmann.
2. Carl Kracht aus Neubrandenburg.
3. August Tesch aus Alt-Käbelich.
4. Carl Willbrandt aus Blankenhagen.
5. Franz Peters.
6. Franz Günther.
7. Hans Herdtmann.
8. Franz Träbert.
9. Wilhelm Raspe.
10. Gustav Mohrmann.
11. Hans Berlin.
12. August Klingenberg aus Beseritz.
13. Conrad Opitz.
14. Gottlieb Grämkow.
15. Paul Schmidt.
16. Gustav Will.
17. Gustav Bertram aus Woldegk.

23. Ludwig Trittelwitz.
24. Adolf Runge.
25. Carl Wolfram.

IV. Quarta.

15. Albert Heuck.
16. Carl Peters.
17. Hans Rabloff.
18. Wilhelm Kröning.
19. Georg Engel.
20. Albert Haase.
21. Friedrich Prütz aus Löwitz.
22. Hermann Bachmann.
23. Carl Kort aus Schönhausen.
24. Otto Denzin aus Alt-Spiegelberg.
25. Ernst Schulz aus Petersdorf.
26. Hellmuth Sievert aus Roga.
27. Adolf Just aus Salow.
28. Paul Hoff.

V. Quinta.

18. Max Müller aus Genzkow.
19. Hermann Schüffler aus Bresewitz.
20. Richard Wobrich.
21. Wilhelm Gerling aus Katzenhagen.
22. Fritz Klegin.
23. Gustav Fölschow.
24. Carl Schulz aus Petersdorf.
25. Carl Ludwig Bossart.
26. Otto Rau.
27. Hermann Arndt.
28. Wilhelm Schütt aus Woldegk.
29. Stephan von Lepel aus Beseritz.
30. Fritz Mercker.
31. Hans Träbert.
32. Carl Klingenberg aus Brunn.
33. Wilhelm Arndt.
34. Willy Erdtmann.

1. Carl Bruhns.
2. Hans Wolfram.
3. Richard Haase.
4. Hans Schramm.
5. Wilhelm Schröder.
6. Alfred Belling aus Woldegk.
7. Hans Schröder.
8. Max Schweppe.
9. Paul Duby.
10. Louis Loebenberg aus Schönhausen.
11. Paul Görs.
12. Wilhelm Dulitz.
13. Carl Schröder.
14. Max Jonas.
15. Adolf Waldau.
16. Friedrich Frentz aus Brejewitz.
17. Adolf Hennings aus Kl.-Daberkow.
18. Fritz Feldberg aus Klokow.

VI. Sexta.

19. Sigmund Flasch.
20. Paul Rothhand.
21. Benjamin Chilcott.
22. Leopold Siewert.
23. Max Götze.
24. Ulrich Peters.
25. Carl Hildebrandt.
26. Paul Löbenberg aus Schönhausen.
27. Paul Steffen.
28. Adolf Löbenberg.
29. Sigfried Dühr.
30. Rudolf Arndt.
31. Otto Mercker.
32. Ernst Besserdich.
33. Gustav Jacobs.
34. Franz Walther.
35. Hermann Mercker.

Von diesen Schülern gehören 172 der evangelischen Kirche an; 2 sind mosaischen Glaubens; 1 ist Katholik.

173 Schüler sind Angehörige deutscher Staaten, 2 russische Unterthanen.

Zeugnisse behufs der Meldung zum einjährig-freiwilligen Militärdienst erhielten:

1. am 10. Juli 1876 der Unter-Secundaner Heinrichs.
2. am 29. August 1876 der Ober-Primaner Bossart.
3. am 27. September 1876 der Unter-Secundaner Cohn.
4. „ „ „ „ „ „ „ Runge.
5. am 29. October 1876 der Ober-Primaner Krog.
6. „ „ „ „ der Unter-Primaner Krog.
7. am 12. December 1876 der Ober-Primaner Kootz.
8. „ „ „ „ „ „ Knuth.
9. „ „ „ „ der Unter-Primaner Nassow.
10. „ „ „ „ „ „ „ Schünemann.
11. „ „ „ „ „ „ „ Ullrich.
12. „ „ „ „ „ „ „ Graf Schwerin.

2*

13. am 18. December 1876 der Ober-Secundaner Degner.

14. am 20. December 1876 der „   „   Steffen.

Mit Ausschluß der Abiturientenzeugnisse sind von dem Unterzeichneten bis zum 21. Februar 28 Abgangs= und sonstige Schulzeugnisse ausgefertigt worden.

Verzeichniß der Abiturienten des Gymnasiums zu Friedland im Schuljahr 18⁷⁶/₇₇.

Laufende №	Namen der Abiturienten.	Tag und Ort der Geburt.	Stand und Wohnort des Vaters.	Wie lange auf der Anstalt? (Jahre.)	Wie lange in Prima? (Jahre.)	Künftiger Beruf.
			Ostern 1876.			
1.	Franz Gustav Steffen.	4. Octbr. 1855 zu Bärwalde N/M.	Kaufmann zu Bärwalde N/M.	2.	2.	Jurispru= denz.
2.	Gustav Alb. Heinr. Fölsch.	8. Novbr. 1857 zu Friedrichshof, Mecklenburg= Strelitz.	weiland Pächter zu Friedrichshof.	6.	2.	Jurispru= denz.
3.	Adolf Gustav Jul. Salow.	13. Mai 1855 zu Fried= land.	Uhrmacher in Friedland.	12.	2.	Geschichte und Philologie.
			Michaelis 1876.			
1. (4.)	Jean Palmié.	17. Jan. 1857 in Berlin.	weiland Kauf= mann Berlin.	1¼.	2, (¾ da= von in Potsdam.)	Jurispru= denz.
2. (5.)	Wilh. Johann Ludw. Theod. Wulften.	3. Jan. 1856 in Malchin.	Ackerbürger u. Bahnhofsspedi= teur in Malchin.	2½.	2.	Jurispru= denz.
3. (6.)	Edmund Carl Joh. Wilh. Gilow.	3. Nov. 1856 zu Grap= zow bei Treptow a/T. (Prov. Pommern).	Landmann in Grapzow.	2½.	2.	Jurispru= denz.

Themata zu den Abiturientenarbeiten.

a. Michaelis 1876.

1. Deutscher Aufsatz: „Schön ist der Friede;

 Aber der Krieg auch hat seine Ehre." (Schiller, Braut von Messina.)

2. Lateinischer Aufsatz: Num recte dixerit Horatius: „Non possidentem multa vocaveris recte beatum."

3. Mathematische Aufgaben: 1. Algebraische Aufgaben:

 a. Die Gleichung: $2x^3 - 5x^2 - 13x + 30 = 0$ aufzulösen nebst Erörterung dieses „casus irreducibilis".

 b. In einer arithmetischen Reihe von 100 Gliedern ist die Summe aller Glieder gleich 8200 und das Product der beiden mittleren Glieder gleich 6723. Wie heißt die Reihe?

 2. Geometrische Aufgaben:

 a. Ein Dreieck zu construiren und trigonometrisch aufzulösen, von welchem gegeben ist die Grund-linie a, das Verhältniß der beiden Seiten b : c = m : n und die Halbirungslinie des von den beiden letzten Seiten eingeschlossenen Winkels t. Gegeben a = 48, t = $17\frac{1}{2}$, m : n = 7 : 25.

 b. Ein Trapez, von dem die parallelen Seiten gegeben sind (a und b), eine dritte Seite c und der Winkel α, welchen diese dritte Seite mit der größeren der beiden parallelen Seiten a bildet, drehe sich um diese Seite a. Man bestimme den Kubikinhalt und die Oberfläche des Rotations-körpers. Gegeben a = 6, b = 2, c = 0,6 d = 25° 54′ 50,″8.

4. Uebersetzung aus dem Griechischen: Soph. Philoctet 343—390.

b. Ostern 1877.

1. Deutscher Aufsatz: Die Bedeutung des Handelsstandes. Vergl. Schiller:

 „Euch, ihr Götter, gehört der Kaufmann; Güter zu suchen

 Geht er; doch an sein Schiff knüpfet das Gute sich an."

2. Lateinischer Aufsatz: Et libertatem et salutem civitatis non tam in legibus et institutis, quam in moribus et virtute civium niti exempla probandum.

 cf. Horat. carm. III, 24, 35: quid leges sine moribus Vanae proficiunt etc.

 cf. Tac. Germ. 19 s. f.: plus ibi (inter Germanos) boni mores valent quam alibi bonae leges.

3. Mathematische Aufgaben: 1. Algebraische Aufgabe:

$$\begin{cases} x + y + \sqrt{x + y} = 12 \\ x^3 + y^3 = 189 \end{cases}$$

 2. Geometrische Aufgaben:

 a. Ein Dreieck zu construiren und trigonometrisch aufzulösen, von welchem gegeben ist, die Differenz zweier Seiten (b — c = d), die Differenz ihrer Gegenwinkel ($\beta - \gamma = \delta$) und die Differenz der Segmente der dritten Seite (p — q und f). Gegeben d = 35,1, δ = 25° 25′ 20,″1, f = 39,9.

b. Eine abgestumpfte quadratische Pyramide aus Granit wiegt p = 11388 Kgr., ihre Höhe betrage h = 2,5108 m, die untere Kante a = 1,5693 m. Wie groß ist die obere Kante, wenn das spezifische Gewicht des Granits s = 2,6 ist. — Dazu Entwickelung des Begriffs „spezifisches Gewicht". —

c. Von einem dreiseitigen Prisma sind die Seiten des Grundbdreiecks abc und das Volumen V gegeben. Man soll das Volumen des in das Prisma beschriebenen Cylinders von gleicher Höhe berechnen. a = 44, b = 39, c = 17, V = 241,144.

4. Uebersetzung aus dem Griechischen: Soph. Oed. tyr. 771—813.

IV. Lehrapparat.

1. Die Lehrerbibliothek, welche unter der Verwaltung des Hrn. Dr. Appel gestanden hat, ist um folgende Werke vermehrt worden:

a. durch Geschenk der Frau Hofräthin Prätorius aus der hinterlassenen Bibliothek ihres am 28. Decbr. 1875 verstorbenen Gemahls (cf. Osterpr. 1876): Zander, Geschichte des Kriegs an der Niederelbe. — Francke, Mecklenburgs Noth und Kampf vor und in den Befreiungskriegen. — Almanach bei Gelegenheit der Jubelfeier der Regierung des Großherzogs Friedrich Franz I. — v. Wickede, die 25jährige Regierung des Großherzogs Friedrich Franz II. — v. Bobbien, die Mecklenburgischen freiwilligen Jägerregimenter aus 1813 und 1814. — Zander, das 25jährige Jubelfest der freiwilligen Mecklenburgischen Kämpfer von 1813 und 1814. — Paulig, Gesch. des siebenjährigen Kriegs. — Mecklenburgisches Gemeinnütziges Archiv 1850 und 1851. — Wigger, Mecklbg. Annalen bis zum Jahr 1066. — Wredow, Oeconomisch-technische Flora Mecklenburgs. — Le siècle de Louis XIV. — v. Kotzebue, Erinnerungen an eine Reise aus Livland rc. — Auli Gelli noct. Att. 1651. — Bener, Beiträge zur Gesch. der Vorderstadt Güstrow. Wir verfehlen nicht, auch an dieser Stelle für dies Geschenk, welches dazu beitragen wird, das Andenken des zu früh Verstorbenen in unsrer Anstalt lebendig zu erhalten, unsern geziemenden Dank auszusprechen.

b. Von einigen Verlagsbuchhändlern gingen Schulbücher ein.

c. Die im Jahre 1876 erschienenen Programme der höheren Schulanstalten Deutschlands, soweit sie dem Leipziger Verband angehören.

d. durch Ankauf: Diez, Roman. Grammatik. — Mätzner, Syntax der neufranzös. Sprache. — Delbrück, Sprachstudien. — Geschichte Toscanas seit dem Ende des florentinischen Freistaats von Reumont. Thl. II. — Sybel, historische Zeitschrift 1876. — Zeitschrift für das Gymnasialwesen 1876. — Neue Jahrbücher für Philologie und Pädagogik 1876. — Zeitschrift für Mathematik und Naturwissenschaften von Hoffmann 1876.

e. als Geschenke verzeichne ich noch Philippi, Brief Pauli an die Römer (vom Primaner Wulsten); vom Hrn. Verfasser, einem früheren Lehrer der Anstalt, Flemming, Hauptsätze der Arithm. und Algebra; Löschhorn, quaest. Sophocl. und Philolog. und theol. Studien, vom Hrn. Verf.; — vom Herrn Buchhändler Walther Wandkarte von Mecklenburg. Für diese Geschenke spreche ich hiermit den Dank der Anstalt aus.

2. Die Schülerbibliothek hat folgenden Zuwachs erhalten

a. durch Geschenke theils abgegangener, theils noch anwesender Schüler: Des Knaben Lust und Lehre. — Petiscus, Olymp. — Welter, Lehrbuch der Weltgesch. 2 Thle. — Brettner, Unterricht in der Physik. — Thomas, Erfindungen. — Hoffmann, Jugendfreund 1869, 1870, 1871. — Adami, Königin Luise. — Göthe, Egmont. — Grube, Charakterbilder. — Schiller, Maria Stuart und Abfall der Niederlande. — Immermann, die schelmische Gräfin. — Kotzebue, Deutsche Kleinstädter. — Grabbe, Scherz, Satire, Ironie. — Schaufert, Schach dem König. — E. T. A. Hoffmann, Doge. — Beumer, Populäre Naturwissenschaft. — Körner, Leyer und Schwerdt. — J. Grimm, Ueber den altdeutschen Meistergesang. — Winterfeld, Gesch. des Kriegs von 1870, 1871. — Köpnik, die feste Burg. — Hiecke, Deutsches Lesebuch für die obern Gymnasialklassen. — Otto und Grosse, Vaterländisches Ehrenbuch. — Grube, Biographien aus der Naturkunde. — Marryat, Sigismund Rüstig. — Voß, Luise und Idyllen. — Paulig, Gesch. des siebenjährigen Kriegs. — Nieritz, einige Erzählungen, 4 Bbch. — Suder, die Kartoffeln. — Andersen, Mährchen. — Schiller, Gedichte. — Hoffmann, Jugendfreund 1873. — Beumer, Bildungsblätter;

b. durch Ankauf: Scheffel, Trompeter. Juniperus. Frau Aventiure. Gaudeamus. — Treitschke, Historisch-politische Aufsätze 3 Bde. — Meyer, Simplicius Simplicissimus. — Geibel, Juniuslieder. Classisches Liederbuch. Sophonisbe. — Halm, Fechter von Ravenna. — Freytag, Ahnen 4. Bd.

Für das physikalische Cabinet stehen größere Erwerbungen bevor.

V.

Am Donnerstag, den 22. März findet in der Aula des Gymnasiums die Entlassung der Abiturienten, verbunden mit einem öffentlichen Redeactus statt. Der Beginn der Feier ist auf Vormittags 10 Uhr festgesetzt.

Am folgenden Tag, Freitag, den 23. März wird die öffentliche Prüfung der Schüler in nachfolgender Ordnung abgehalten werden:

9 Uhr. Serta. Rechnen. Herr Cantor Görschner.
9½ Uhr. Quinta. Latein. Der Director.
10 Uhr. Quarta. Französisch. Herr Gymnasiallehrer Rieck.
10½ Uhr. Tertia. Latein. Herr Prorector Funk.

11 Uhr. Secunda. Griechisch. Herr Professor Dr. Dühr.
11½ Uhr. Secunda. Mathematik. Herr Subrector Marx.
12 Uhr. Prima. Geschichte. Herr Gymnasiallehrer Stange.

An diese Prüfung wird sich 12½ Uhr die Vertheilung der vierteljährlichen Zeugnisse als Schluß anschließen.

Der Unterzeichnete giebt sich die Ehre zur Feier des 22. März und zur öffentlichen Prüfung am darauf folgenden Tage die Hochlöbl. Behörden unsrer Stadt und des Gymnasiums insbesondere, ebenso alle Freunde unsrer Anstalt und des Schulwesens überhaupt gehorsamst einzuladen.

Das neue Schuljahr beginnt mit Montag, 9. April. An diesem Tage findet die Prüfung der neu aufzunehmenden Schüler Vormittags 9 Uhr im Gymnasialgebäude statt. Jeder Schüler hat außer etwaigen Zeugnissen über seinen bisherigen Schulbesuch einen Impfschein, resp. Wiederimpfungsschein vorzulegen. Der Unterricht beginnt am Dienstag, den 10. April, Vormittags 7 Uhr.

Dr. Julius Strenge,
Director.